MINISTÈRE

DE L'AGRICULTURE ET DU COMMERCE.

RECUEIL DES LOIS,

ORDONNANCES, DÉCRETS ET CIRCULAIRES

APPLIQUÉS ET INTERPRÉTÉS

PAR

LE COMITÉ CONSULTATIF DES ARTS

ET MANUFACTURES.

PARIS.

IMPRIMERIE NATIONALE.

1873.

MINISTÈRE

DE L'AGRICULTURE ET DU COMMERCE.

RECUEIL DES LOIS,

ORDONNANCES, DÉCRETS ET CIRCULAIRES

APPLIQUÉS ET INTERPRÉTÉS

PAR

LE COMITÉ CONSULTATIF DES ARTS

ET MANUFACTURES.

PARIS.

IMPRIMERIE NATIONALE.

1873.

TABLE SOMMAIRE.

IMPORTATIONS TEMPORAIRES.

MÉTAUX.

LOI

relative aux admissions en franchise temporaire.

(EXTRAIT.)

Au palais de Neuilly, le 5 juillet 1836.

LOUIS-PHILIPPE, Roi des Français, à tous présents et à venir, salut.

Nous avons proposé, les Chambres ont adopté, nous avons ordonné et ordonnons ce qui suit :

. . . .
. . . .

ART. 5.

PRODUITS ÉTRANGERS ADMIS TEMPORAIREMENT
POUR RECEVOIR DES FAÇONS.

Des ordonnances royales pourront autoriser, sauf révocation en cas d'abus, l'importation temporaire de produits étrangers destinés à être fabriqués ou à recevoir en France un complément de main-d'œuvre, et que l'on s'engagera à réexporter ou à rétablir en entrepôt dans un délai qui ne pourra excéder six mois, et en remplissant les formalités et les conditions qui seront déterminées.

Dans le cas où la réexportation ou la mise en entrepôt ne sera pas effectuée dans le délai et sous les conditions déterminés, le soumissionnaire sera tenu au payement d'une amende égale au quadruple des droits des objets importés ou au quadruple de la valeur, selon qu'ils seront ou non prohibés, et il ne sera plus admis à jouir du bénéfice du présent article.

Les droits perçus à l'entrée sur les fontes employées à la fabrication des machines à feu seront remboursés aux conditions et dans des proportions déterminées par ordonnances du Roi, sur les machines d'une force de cent chevaux au moins, placées à bord des navires destinés à la navigation maritime.

Fait au palais de Neuilly, le cinquième jour du mois de juillet, l'an 1836.

Signé LOUIS-PHILIPPE.

Par le Roi :

Le Ministre Secrétaire d'État au département du commerce et des travaux publics,

Signé PASSY.

Vu et scellé du grand sceau :

Le Garde des sceaux de France, Ministre Secrétaire d'État au département de la justice et des cultes,

Signé P. SAUZET.

DIRECTION GÉNÉRALE
DES DOUANES
et des
CONTRIBUTIONS
INDIRECTES.

CIRCULAIRE

transmissive du décret du 15 février 1862.

Paris, le 26 février 1862.

L'expérience a démontré la nécessité d'apporter quelques modifications au régime de l'importation temporaire des métaux étrangers, destinés à être mis en œuvre dans nos ateliers pour la réexportation. Tel est l'objet d'un décret impérial [1] *rendu à la date du 15 février courant, et dont une ampliation est jointe à la présente.*

L'article 1ᵉʳ ajoute aux matières premières précédemment désignées comme pouvant participer au bénéfice de l'admission temporaire, les fontes épurées dites mazées, la ferraille, les massiaux, les fers feuillards, les aciers feuillards *et les* tôles d'acier brunes laminées à chaud. Il *dénomme, en outre,* les fers à T et à double T, et tous les *autres fers de formes irrégulières* qui n'étaient qu'implicitement et partiellement compris dans le décret du 17 octobre 1857 [2]. Les tôles d'acier laminées à froid restent exclues du bénéfice de l'admission en franchise.

[1] Voir le décret du 15 février 1862, page 9.
[2] Ce décret est abrogé par l'article 10 du décret du 15 février 1862.

Les articles 2, 3, 5, 6, 7, 8 et 9 ne font que reproduire et confirmer des dispositions déjà en vigueur.

L'article 4 a pour but d'écarter du trafic des acquits-à-caution les faits irréguliers dont se sont plaintes certaines classes de producteurs français ; il précise, pour chacune des catégories de métaux, les conditions exigibles à l'égard des objets fabriqués qui seront présentés en compensation à la sortie. J'appelle particulièrement l'attention du service sur les prescriptions de cet article.

D'après l'article 10, les ordonnances et décrets antérieurs sur la matière sont abrogés. Le décret du 15 février devra donc seul servir de règle à l'avenir.

Inséré au Bulletin des lois, n° 1000, du 21 de ce mois, il deviendra exécutoire dans les délais ordinaires de promulgation.

J'invite les directeurs des douanes à donner des ordres dans le sens de ces dispositions, et à les porter à la connaissance du commerce.

Le Conseiller d'État, Directeur général.

Signé BARBIER.

Pour ampliation :

L'Administrateur,

Signé AMÉ.

DÉCRET

qui autorise l'importation, en franchise de droits, des fontes,
fers, etc. destinés à être réexportés, après avoir été convertis
en navires et bateaux en fer, en machines, appareils, etc.

(Inséré au Bulletin des lois du 21 février 1862, n° 1000.)

NAPOLÉON, par la grâce de Dieu et la volonté nationale, EMPEREUR DES FRANÇAIS, à tous présents et à venir,
SALUT.

Sur le rapport de notre Ministre secrétaire d'État au
département de l'agriculture, du commerce et des travaux
publics ;

Vu l'article 5 de la loi du 5 juillet 1836,

AVONS DÉCRÉTÉ et DÉCRÉTONS ce qui suit :

ARTICLE PREMIER.

Seront admis en franchise de droits, conformément aux
dispositions de l'article 5 de la loi du 5 juillet 1836, les
fontes brutes, les fontes épurées dites *mazées*, la ferraille,
les massiaux, les fers en barres, les feuillards, cornières,
fers à T et à double T et autres de formes irrégulières, les
fers en tôle, les aciers en barres, en feuillards et en tôles
brunes laminées à chaud, les cuivres laminés purs ou alliés
d'autres métaux venant de l'étranger, et destinés à être réexportés après avoir été convertis, dans les ateliers français,
en navires et bateaux en fer, en machines, appareils, ou-

vrages quelconques en métaux, ou en produits d'un degré de fabrication plus avancé que les matières importées.

Toutefois, pourront seuls jouir du bénéfice des dispositions précédentes les maîtres de forges, les constructeurs de machines et les fabricants d'ouvrages en métaux, qui justifieront qu'ils ont reçu des commandes de l'étranger ou qu'ils se livrent à une fabrication courante d'ouvrages destinés à l'exportation, et qui rempliront les conditions ci-après déterminées.

ART. 2.

Tout maître de forges, constructeur ou fabricant qui voudra profiter des facilités spécifiées par l'article 1er du présent décret, devra adresser à notre Ministre de l'agriculture, du commerce et des travaux publics une demande qui fera connaître, d'une part, la nature, l'importance et la destination des commandes à exécuter, ou la nature et la quantité des objets de commerce courant à fabriquer; d'autre part, la nature, l'espèce et la quantité des produits qu'il devra exporter en compensation des matières à admettre en franchise temporaire.

Il s'engagera, en outre, à remplir les formalités et à fournir les justifications qui seront jugées nécessaires par nos Ministres des finances, ou de l'agriculture, du commerce et des travaux publics, pour assurer la régularité des opérations.

Chaque demande, avec les pièces justificatives, sera soumise à l'examen du Comité consultatif des arts et manufactures, et notre Ministre de l'agriculture, du commerce et des travaux publics statuera, après avoir pris l'avis de notre Ministre des finances.

ART. 3.

Les métaux désignés par l'article 1ᵉʳ devront être importés, soit par terre, soit par mer, sous pavillon français ou sous le pavillon du pays de production.

ART. 4.

Ne seront reçus à la réexportation, en compensation :

1° Des fontes mazées et de la ferraille, que des fers marchands en barres de tout échantillon ou en rails, ou que des produits d'un degré de fabrication encore plus avancé;

2° Des massiaux, que des fers en verges ou en fils dont la section transversale ne dépassera pas un centimètre carré, des feuillards d'un millimètre d'épaisseur ou moins, des tôles ou des produits d'un degré de fabrication encore plus avancé;

3° Des fers en barres ayant une section transversale de 4 centimètres ou moins, ou une épaisseur de 5 millimètres ou moins, quelle que soit la longueur, que des pièces en fer de dimensions égales ou inférieures;

4° Des cornières, fers à T et à double T et autres de formes irrégulières, que des produits fabriqués avec des fers de formes similaires et présentant au moins les mêmes difficultés de fabrication;

5° Des tôles de fer, d'acier et des cuivres laminés d'épaisseurs déterminées, que des objets fabriqués avec des tôles ou cuivres laminés du même ordre d'épaisseurs, ou d'épaisseurs moindres, dont les limites seront, au besoin, fixées par la décision ministérielle autorisant l'entrée en franchise temporaire;

6° Des aciers en barres et en feuillards de dimensions déterminées, que des objets fabriqués avec des aciers en barres ou feuillards du même ordre de dimensions, ou de dimensions moindres, dont les limites seront, au besoin, fixées par la décision ministérielle autorisant l'entrée en franchise temporaire.

ART. 5.

Les importateurs devront s'engager, par une soumission valablement cautionnée, à réexporter ou à réintégrer en entrepôts, dans un délai qui ne pourra excéder six mois, les produits fabriqués avec les métaux admis en franchise, poids pour poids, sans qu'il soit tenu compte d'aucun déchet de fabrication.

ART. 6.

Dans les divers cas prévus ci-dessus, les métaux ne pourront être importés et les objets fabriqués avec ces métaux ne pourront être réexportés que par les ports d'entrepôts réels ou par les bureaux ouverts soit au transit, soit à l'importation des marchandises taxées à plus de 20 francs par 100 kilogrammes.

ART. 7.

Les produits fabriqués qui, au lieu d'être mis en entrepôts seront directement réexportés, devront être expé.

diés sous les conditions générales du transit, ou sous les formalités déterminées par les articles 61 et 62 de la loi du 21 avril 1818, suivant que leur expédition aura lieu par la voie de terre ou par la voie de mer.

ART. 8.

Toute soustraction, tout manquant constaté par le service des douanes, de même que tout abus qui aura été fait des dispositions du présent décret, donnera lieu à l'application des pénalités et interdictions prononcées par l'article 5 de la loi du 5 juillet 1836.

Toutefois, les déficits qui seront reconnus par le service des douanes provenir exclusivement des déchets de main-d'œuvre ne seront soumis qu'au simple payement du droit d'entrée afférent aux matières admises en franchise temporaire.

ART. 9.

Le bénéfice des dispositions de l'article 1er du présent décret est étendu, sous l'accomplissement des conditions et formalités prescrites par notre décret du 6 janvier 1855 [1], à l'importation des débris de vieux ouvrages en fontes, en fers, en tôles ou en cuivre provenant des machines des navires à vapeur étrangers qui viendraient se faire réparer en France.

ART. 10.

L'ordonnance du 28 mai 1843 et nos décrets des 8 septembre 1851, 14 février 1852, 6 janvier 1855, relatifs

[1] Voir le décret du 6 janvier 1855, page 15.

aux cuivres laminés, 17 juillet 1856 et 17 octobre 1857, sont et demeurent abrogés.

ART. 11.

Nos Ministres secrétaires d'État au département de l'agriculture, du commerce et des travaux publics, et au département des finances, sont chargés, chacun en ce qui le concerne, de l'exécution du présent décret.

Fait au palais des Tuileries, le 15 février 1862.

Signé NAPOLÉON.

Par l'Empereur :

Le Ministre Secrétaire d'État au département de l'agriculture, du commerce et des travaux publics,

Signé E. ROUHER.

DÉCRET

relatif à l'importation temporaire des débris des vieux ouvrages en fonte, fer ou tôle, provenant des navires à vapeur étrangers qui viendraient se faire réparer en France.

Du 6 janvier 1855.

NAPOLÉON, par la grâce de Dieu et la volonté nationale, EMPEREUR DES FRANÇAIS,

A tous présents et à venir, SALUT.

Sur le rapport de notre Ministre secrétaire d'État au département de l'agriculture, du commerce et des travaux publics;

Vu l'article 5 de la loi du 5 juillet 1836;

Vu le décret du 8 septembre 1851;

Vu le décret du 14 février 1852,

AVONS DÉCRÉTÉ et DÉCRÉTONS ce qui suit :

ARTICLE PREMIER.

Le bénéfice des dispositions de nos décrets des 8 septembre 1851 et 14 février 1852 est étendu à l'importation des débris des vieux ouvrages en fonte, fer ou tôle,

provenant des machines des navires à vapeur étrangers
qui viendraient se faire réparer en France.

ART. 2.

Les déclarants s'engageront, par une soumission valablement cautionnée, à réexporter ou à réintégrer en entrepôt, dans un délai qui ne pourra excéder six mois, des
pièces quelconques destinées à l'armement des bateaux à
vapeur, notamment sous forme de chaudières, en poids
égal à celui de la ferraille impoée.

ART. 3.

Dans le cas prévu par l'article 1er ci-dessus, les
ferrailles ne pourront être importées et les objets fabriqués ne pourront être exportés que par les ports d'entrepôt réel.

La douane devra, d'ailleurs, conformément à la loi du
9 juin 1845, faire briser et dénaturer celle desdites ferrailles qui lui paraîtraient pouvoir être utilisées autrement
que pour la refonte.

ART. 4.

Toute soustraction, tout manquant constaté par le service des douanes, donneront lieu à l'application des pénalités et interdictions prononcées par l'article 5 de la loi
du 5 juillet 1836.

Tous les déficits qui seront reconnus provenir uniquement du déchet de main-d'œuvre ne seront soumis qu'au
payement du simple droit d'entrée afférent à la matière
brute.

ART. 5.

Nos Ministres secrétaires d'État au département de
agriculture, du commerce et des travaux publics, et au
épartement des finances, sont chargés, chacun en ce
ui le concerne, de l'exécution du présent décret.

Fait au palais des Tuileries, le 6 janvier 1855.

Signé NAPOLÉON.

Par l'Empereur :

*Le Ministre de l'agriculture, du commerce
et des travaux publics,*

Signé P. MAGNE.

MINISTÈRE
DE
L'AGRICULTURE,
DU COMMERCE
ET DES
TRAVAUX PUBLICS.

CIRCULAIRE

*Sur le régime de l'admission temporaire, adressée
à MM. les membres des Chambres de commerce.*

Paris, le 23 novembre 1867.

MESSIEURS, *l'ordonnance du 28 mai 1843, appliquant,
pour la première fois, aux métaux le principe posé dans l'article 5 de la loi du 5 juillet 1836, a permis l'importation en
franchise des tôles, cornières et autres pièces en fer destinées à
être réexportées après avoir servi à la construction des bateaux
en fer et des chaudières pour machines à vapeur. Depuis cette
époque, des décrets de l'Empereur ont étendu ou modifié les
dispositions de l'ordonnance précitée jusqu'au moment où,
mettant à profit l'expérience acquise à la suite de ces mesures
successives, un nouveau décret du 17 octobre 1857 a lui-
même coordonné et étendu les prescriptions antérieures.*

*A partir de ce moment, nos exportations d'ouvrages en métaux ont pris un rapide essor; mais on doit reconnaître que, si
le régime établi par le décret du 17 octobre a été accueilli avec
faveur par les constructeurs et les fabricants français d'ouvrages en métaux, il n'en a pas été de même de la part de plusieurs de nos maîtres de forges, qui ont fait entendre des
plaintes plus ou moins vives.*

*Soumises au Comité consultatif des arts et manufactures,
ces réclamations ont été l'objet d'un examen, à la suite duquel*

est intervenu le décret du 15 février 1862, qui a réglé et règle
encore aujourd'hui la matière.

Conservant le principe du décret de 1857, l'acte de 1862
ajoute certaines matières premières qui ne figuraient pas dans
la législation précédente et qui devaient procurer de nouvelles
facilités, comme conséquence de nos traités de commerce avec
l'Angleterre et la Belgique; puis, pour prévenir les abus et sauvegarder tous les intérêts engagés, le décret prescrit des conditions dont voici les principales :

Les maîtres de forges, les constructeurs de machines et les
fabricants d'ouvrages en métaux peuvent seuls, après avoir
justifié qu'ils ont reçu des commandes de l'étranger ou qu'ils se
livrent à une fabrication courante d'ouvrages destinés à l'exportation, jouir du bénéfice du décret.

L'article 4, expliqué quant aux limites d'épaisseur par une
circulaire adressée aux chambres de commerce le 30 mai de
la même année, et rédigée conformément à un avis du Comité,
pose le principe que les ouvrages à sortir doivent présenter un
degré de fabrication plus avancé que les matières introduites.

La réexportation ou la mise en entrepôt doit avoir lieu poids
pour poids, dans un délai de six mois.

Enfin, des pénalités sont prescrites pour réprimer les infractions qui auraient lieu.

Cependant, Messieurs, le décret du 15 février 1862 lui-même
a donné lieu, dans ces derniers temps, à de nouvelles réclamations: on a prétendu que ce décret, n'exigeant pas que les produits présentés à la sortie fussent fabriqués identiquement avec
les métaux introduits, donnait lieu à un trafic d'acquits-à-caution, source de malaise pour certains points de la frontière,
où les métaux introduits temporairement viendraient s'accu-

muler, remplacés qu'ils sont, dans l'élaboration des ouvrages destinés à l'exportation, par d'autres métaux provenant des usines du centre ou du midi de la France.

La faculté laissée aux importateurs de tirer le meilleur parti possible, non pas comme on l'a dit improprement, de leurs acquits-à-caution, mais bien de leur pouvoir d'introduction, équivalait d'ailleurs, aux yeux des réclamants, soit à une prime d'exportation, soit à une réduction des droits inscrits dans nos tarifs conventionnels.

Ces dernières réclamations, également renvoyées à l'étude du Comité consultatif des arts et manufactures, ont déterminé l'Administration à ordonner une enquête où tous les intérêts ont pu librement se produire, présenter leurs griefs avec les moyens ou les systèmes considérés par leurs auteurs comme étant de nature à faire cesser les inconvénients signalés.

La grande majorité des personnes entendues dans cette enquête s'est prononcée pour le maintien du décret du 15 février 1862; et cette majorité ne se compose pas uniquement des constructeurs et fabricants; on y voit figurer un nombre assez important de maîtres de forges, parmi lesquels quelques-uns professaient, en 1861, une opinion contraire.

Le Comité consultatif des arts et manufactures, devant lequel l'enquête s'est accomplie, n'a pu, après un examen très-approfondi de ses résultats, que se ranger à l'opinion de la majorité des personnes entendues, et, sous la réserve de certaines conditions que je rappellerai plus loin, il a conclu au maintien du décret du 15 février 1862.

En effet, Messieurs, quelle était la mission du Comité? D'apprécier d'abord au point de vue de l'intérêt général, en présence duquel l'Administration doit toujours se placer, si les résultats accomplis sous le régime du décret en question avaient été plus dommageables qu'utiles; puis de constater si, en réalité, le décret de 1862 avait pu causer, dans le Nord et dans l'Est, le préjudice qui a été signalé.

Or, pour arriver à une conviction, il suffit de laisser parler eux-mêmes les faits qui se sont produits; et ce sont ces faits que j'aurai l'honneur de mettre sous vos yeux, autant que le comporte le cadre d'une circulaire.

D'après les documents officiels recueillis par l'Administration des mines, la production totale des usines sidérurgiques françaises, loin de faiblir, s'est notablement développée de 1859 à 1865, ainsi que le démontrent les chiffres ci après :

	1860.	1865.	
	Tonnes.	Tonnes.	Accroissement.
Fonte de fer........	898,353	1,210,242	34.7 p. 0/0
Fer.............	532,212	806,327	51.5
Tôle............	63,591	102,655	61.4
Acier de toute nature.	29,949	44,283	47.9

L'importation temporaire en franchise des fontes, fers, tôles et aciers a suivi un mouvement analogue. En 1861, elle représentait 80,313 tonnes et une valeur de 21,604,816 francs; en 1864 et 1865, on trouve les chiffres suivants :

	Quantités.	
	Tonnes.	Valeur.
1864.................	131,593	24,907,978
1865.................	138,809	24,910,353

. Dans ces quantités, la fonte, qu'on peut considérer comme étant en dehors du débat, à ce point que bon nombre de réclamants proposaient de limiter l'admission temporaire à ce métal, la fonte, dis-je, entrait dans ces quantités pour 76,383 tonnes en 1864, et 97,901 tonnes en 1865.

Si, pour les deux années 1864 et 1865, on compare la valeur des métaux introduits à celle des produits exportés sous le même régime, on arrive à ce résultat bien digne de fixer l'attention :

	1864.	1865.
Valeur des ouvrages exportés en compensation des métaux introduits..........	130,178,531	117,584,816
Excédant de la valeur déclarée des exportations sur la valeur des métaux importés. .	105,270,553	92,674,463

Ce résultat est loin de celui que l'on constatait en 1856, époque à laquelle l'excédant de valeur des produits réexportés sur les produits importés ne représentait qu'une somme de 7,686,612 francs.

Ainsi, Messieurs, le régime de l'admission temporaire a laissé en France, pendant les deux années 1864 et 1865, une somme annuelle de 100 millions, qui se décompose en salaires et en bénéfices acquis.

On ne pourrait sérieusement prétendre qu'un résultat semblable eût été obtenu au profit de notre métallurgie, en dehors du régime de l'admission temporaire, alors qu'on voit que l'accroissement de notre exportation a suivi immédiatement l'inauguration de ce régime; mais il reste à démontrer que la faculté d'importer temporairement des métaux n'a pas été pour nos maîtres de forges aussi préjudiciable que quelques-uns d'entre eux l'ont prétendu.

En 1856, c'est-à-dire antérieurement aux deux décrets de 1857 et de 1862, l'industrie française exportait, en machines

et mécaniques fabriquées avec des métaux français ou natio-
nalisés par le payement des droits, une quantité de 3 millions
et demi de kilogrammes, représentant une valeur de 4 millions;
elle est arrivée progressivement, en 1866, à exporter une
quantité de 8,200,000 kilogrammes, soit en valeur 12,200,000
francs. Il est vrai que l'exportation des outils et ouvrages en
métaux n'a pas suivi le même mouvement; ainsi, en 1856,
l'exportation représentait 12,900,000 kilogrammes, soit
42,400,000 francs; pendant les années suivantes, les quantités
exportées varient entre 12 et 16 millions de kilogrammes; en
1866, elle n'est que de 12,400,000 kilogrammes, d'une valeur de 40,700,000 francs.

Mais il ne faut pas oublier que la part de la métallurgie
française dans notre exportation est réellement plus forte que
ces chiffres ne semblent l'indiquer. En effet, comme je l'ai dit
plus haut, sous le régime du décret de 1862, la réexportation
doit avoir lieu poids pour poids; nos maîtres de forges ont
donc à remplacer les déchets et, sous ce rapport, on peut dire
que, dans une certaine mesure, ils ont pris part aux exportations effectuées sous le régime de l'admission temporaire.

Je vais maintenant examiner, Messieurs, si l'accumulation
aux frontières du Nord et de l'Est, à un moment donné, de
métaux admis temporairement a pu causer dans la métallurgie
de ces contrées le malaise qui a été signalé.

En général, quand une industrie souffre, ce malaise se tra-
duit par une baisse de prix; il n'est donc pas inutile de mettre
sous vos yeux les prix constatés pendant les dernières années sur
la place de Paris qui se trouve en relation plus directe avec le
Nord, et sur la place de Lyon qui reflète la situation du Centre
et du Midi.

Voici ces prix pour les fers au coke :

DÉSIGNATIONS.	1860.	1861.	1862.	1863.	1864.	1865.	1866.
Prix de 100 kilogrammes sur la place de Paris................	25f25c	23f75c	24f75c	22f85c	21f90c	21f52c	21f00c
Prix de 100 kilogrammes sur la place de Lyon	22 62	23 16	24 64	21 95	20 70	20 33	19 79

Le prix du fer pendant le 3e trimestre de 1867 était le même à Paris et à Lyon, 18 fr. 50 cent. à 19 francs les 100 kilogrammes.

Ainsi, Messieurs, sans nier que la présence d'une grande quantité de métaux sur un point donné puisse exercer quelque influence sur l'industrie, je ne puis que constater qu'on ne trouve pas dans la différence des prix l'indice du malaise dont la métallurgie se plaint.

Je dois ajouter que cet indice ne se rencontre pas davantage dans les importations de fers étrangers effectuées sous le payement des droits; en effet, en ce qui concerne les fers, l'importation qui, en 1862, s'élevait à 74,183 tonnes, est tombée à 628 tonnes en 1864, et 869 en 1865, sans que l'exportation ait cessé de se maintenir dans sa limite normale, 3,000 tonnes environ par an.

D'un autre côté, l'emploi des métaux n'a pas cessé d'être actif dans l'intérieur, surtout pour les constructions civiles.

Il convient donc, Messieurs, de chercher une autre cause à la situation actuelle, et si l'on considère que le même malaise se produit en Angleterre et en Belgique, on est appelé à conclure que la cause est générale et qu'elle provient d'un accrois-

sement de production dans une proportion plus forte que la
consommation.

Le retrait du décret de 1862 nous priverait d'un débouché
de 120 à 130 millions, briserait une carrière dans laquelle
nos constructeurs ont acquis une habileté qui nous a permis de
lutter avec avantage contre la concurrence étrangère sur les
marchés du dehors.

De pareils résultats ne seraient payés par aucune compensation sur les frontières du Nord; car, du moment où les usines
du Midi, du Centre et de l'Est ne pourraient plus, au moyen
du mécanisme des acquits, utiliser leurs propres métaux pour
l'exportation, elles ne manqueraient pas de les diriger sur Paris,
et le trop-plein ne serait pas évité.

Toutes ces considérations ont frappé le Comité consultatif
des arts et manufactures; il a émis l'avis qu'il n'y avait pas
lieu de revenir sur le décret en question; mais il a reconnu en
même temps qu'on pouvait apporter dans son application certaines modifications utiles. Ainsi, la loi du 5 juillet 1836,
de laquelle dérivent les décrets d'admission temporaire, avait
limité à six mois le délai de réexportation; ce délai ayant été
présenté comme insuffisant pour les grosses constructions, telles
que les bâtiments en fer, les locomotives, par exemple, l'Administration s'était laissée aller à accorder, en général, un
nouveau délai de six mois, et ce n'était qu'après ce second délai, lorsqu'il n'avait pas suffi, que l'Administration s'adressait
au Comité consultatif des arts et manufactures. Celui-ci a
pensé qu'il importait de mettre un terme à cet état de choses.

En conséquence, mon département, d'accord avec M. le
Ministre des finances, a pris la décision suivante :

Le décret du 15 février 1862 sera maintenu intégralement.

En ce qui concerne les délais de réexportation, l'Administration, comme elle le fait déjà depuis quelque temps, tiendra rigoureusement la main à ce qu'ils soient observés, quant aux ouvrages de fabrication courante.

Le même principe subsistera pour les grandes constructions, telles que les bâtiments maritimes, les ponts et charpentes en fer, les machines à vapeur puissantes pour la marine, les chemins de fer et appareils d'importance équivalente.

Toutefois, en ce qui concerne les grosses constructions dont il s'agit, sur la demande des constructeurs et en raison de circonstances qu'elle appréciera, l'Administration pourra, après avoir pris l'avis du Comité consultatif, proroger le délai fixé par le décret, mais sans qu'en aucun cas le délai total puisse dépasser le terme d'une année.

Lorsqu'il s'agira de ces mêmes ouvrages, la justification des commandes prescrites par le décret devra être produite, et l'importateur devra spécifier la quantité de chaque métal à employer, de telle sorte que le contrôle du Comité puisse s'exercer utilement. Si cette justification n'est pas faite, tout objet fabriqué sera considéré, au moment de l'exportation, comme appartenant à la catégorie des ouvrages de fabrication courante, et le délai pour la réexportation ne pourra, en aucun cas, être prorogé.

Enfin, lorsque le même importateur voudra jouir du bénéfice de l'admission temporaire, tout à la fois pour les ouvrages de fabrication courante et pour les objets qui doivent être accompagnés de commande, il devra scinder sa demande et faire connaître séparément la quantité de métaux qu'il entend appliquer à l'une et à l'autre opération.

Je vous prie, Messieurs, de m'accuser réception de la présente communication.

Recevez, Messieurs, l'assurance de ma considération très-distinguée.

Le Ministre de l'agriculture,
du commerce et des travaux publics,

DE FORCADE.

MINISTÈRE
DE
L'AGRICULTURE,
DU COMMERCE
ET DES
TRAVAUX PUBLICS.

CIRCULAIRE

adressée à MM. les membres des Chambres de commerce.

Paris, le 11 avril 1868.

MESSIEURS, par une circulaire du 23 novembre dernier, j'ai eu l'honneur de vous faire connaître le résultat d'une enquête à laquelle avait procédé le Comité consultatif des arts et manufactures, à la suite des réclamations qui s'étaient élevées contre le décret du 15 février 1862.

La discussion survenue depuis au Sénat m'a confirmé dans la pensée de prescrire des mesures qui, sans déroger à ce décret, puissent en régulariser l'application et entourer de garanties complètes la compensation des métaux étrangers admis temporairement en franchise. J'ai invité le Comité consultatif des arts et manufactures à procéder, dans cet ordre d'idées, à l'examen des faits. J'ai également appelé son attention sur la question des délais.

Après une étude approfondie de toutes les situations, le Comité a formulé un règlement que je viens de revêtir de mon approbation. J'en joins ici un exemplaire.

Ce nouveau règlement consacre deux modifications principales.

L'une a pour objet de limiter à trois mois le délai d'apurement pour les articles appartenant à la classe des produits de fabrication courante, et d'interdire, à l'égard des grosses fabrications, toute prolongation du délai légal de six mois. En rapprochant ainsi l'exportation de l'importation, on atténuera sensiblement la pression que peuvent exercer sur le marché des arrivages supérieurs aux besoins immédiats des ateliers qui travaillent pour l'étranger.

La seconde modification que j'ai à vous signaler a pour but soit d'établir une identité d'espèce aussi exacte que possible entre les métaux introduits du dehors et les fabrications présentées à la sortie, soit d'écarter des interventions qui ont pu dénaturer le véritable caractère des opérations.

Désormais, les décisions portant ouverture de crédits pour les articles de grosse fabrication préciseront nominativement, d'après les bases déterminées par l'article 3, et sans laisser place à des additions arbitraires, tous les objets susceptibles d'être exportés en compensation de chaque partie de métal importée.

Il en sera de même pour les fabrications courantes, quand il aura été justifié de commandes, sauf au Comité, si l'on forme des demandes collectives applicables à la fois aux deux catégories, à distinguer dans ses avis les ouvrages de fabrication courante des grosses fabrications.

Quand il n'aura pas été fourni de justification de commandes, les compensations ne seront admises que dans les limites étroitement fixées d'avance par l'article 4.

Dans tous les cas, il sera présenté aux bureaux de sortie, à l'appui des déclarations de douanes, des bordereaux de détail assez complets pour mettre le service en mesure de procéder sûrement à la vérification dont il est chargé.

Enfin, selon le deuxième paragraphe de l'article 5, les maîtres de forges, fabricants ou constructeurs qui auront obtenu des pouvoirs d'introduction devront délivrer eux-mêmes les bordereaux ci-dessus mentionnés sous la garantie de leur signature commerciale, en attestant qu'il s'agit d'objets provenant de leur propre fabrication. Le décret de 1852 n'a eu en vue ni les expéditeurs personnellement étrangers aux allocations de crédits, ni les marchands ou intermédiaires qui se sont interposés entre les porteurs de pouvoirs et les exportateurs; on a entendu stipuler exclusivement pour les métallurgistes en relations avec l'étranger, et puisque ces métallurgistes seuls peuvent obtenir les crédits d'introduction, ce sont eux seuls aussi qui doivent être admis à faire constater les exportations correspondantes.

Conformément aux ordres de M. le Ministre des finances, le service des douanes va recevoir les instructions nécessaires pour assurer, en ce qui le concerne, l'exécution de ces dispositions.

Je vous prie, Messieurs, de m'accuser réception de la présente communication.

Recevez, Messieurs, l'assurance de ma considération très-distinguée.

Le Ministre de l'agriculture,
du commerce et des travaux publics,

DE FORCADE.

RÈGLEMENT.

ARTICLE PREMIER.

Les maîtres de forges, constructeurs de machines et fabricants d'ouvrages en métaux sont seuls admis à jouir du bénéfice de l'importation temporaire à charge de réexportation.

A l'appui de leurs demandes d'introduction, ils devront joindre :

1° Les marchés ou lettres de commandes, soit en original, soit par extrait dûment certifiés, établissant la justification des commandes qu'ils ont reçues de l'étranger, de l'Algérie ou des colonies françaises ;

2° Un état détaillé des objets commandés, avec indication, pour chacun d'eux, des poids des divers métaux ouvrés entrant dans leur composition ;

3° Un état détaillé des quantités de métaux bruts dont ils réclament l'admission temporaire.

ART. 2.

Pour les objets de fabrication courante, ils devront également, et sous la même forme, faire connaître la nature et le poids des divers objets qu'ils se proposent d'exporter, et la quantité des divers métaux bruts dont ils demandent l'introduction ; mais la justification de commandes spéciales ne sera pas obligatoire.

Lorsque cette justification n'aura pas été fournie au moment de la demande d'autorisation, les objets admis à la sortie en compensation des métaux bruts introduits seront limités aux produits et ouvrages fabriqués compris dans la nomenclature de l'article 4 ci-après.

ART. 3.

Les compensations auront lieu conformément aux règles tracées par le tableau suivant.

MÉTAUX BRUTS à importer.	PRODUITS FABRIQUÉS à exporter.	OBSERVATIONS.
Fonte brute......	Fontes moulées (a).	(a) À l'exception des fontes moulées pour lest de navires.
	Fers et aciers laminés ou forgés, en barres, tôles, feuillards ou fils.	
	Ouvrages ou pièces fabriqués en fer ou en acier (b).	
Fontes mazées. — Ferrailles......	Fers et aciers laminés ou forgés, en barres, tôles, feuillards ou fils.	(b) Quelles que soient les formes ou dimensions des métaux ouvrés entrant dans leur composition.
	Ouvrages ou pièces fabriquées en fer ou en acier (b).	
Massiaux de fer....	Fers ou aciers en verges ou en fils (c).	(c) La section ne dépassant pas un centimètre carré.
	Feuillards (d).	(d) L'épaisseur ne dépassant pas un millimètre.
	Tôles de fer ou d'acier n'excédant pas 2 millimètres.	
	Ouvrages ou pièces fabriqués en fer ou en acier (b).	

MÉTAUX BRUTS à importer.	PRODUITS FABRIQUÉS à exporter.	OBSERVATIONS.
Massiaux acier, lingots d'acier fondu.	Aciers en verges ou en fils (c). Feuillards d'acier (d). Tôles d'acier n'excédant pas 2 millimètres. Ouvrages ou pièces fabriqués en acier (b).	
Fers en barres, ayant plus de 4 centimètres carrés de section et plus de 5 millimètres d'épaisseur........	Ouvrages ou pièces fabriqués en fer et en acier (b, f).	(f) Le fer en barres ne pourra, dans aucun cas, être compensé par des aciers non ouvrés.
Fers en barres, ayant 4 centimètres carrés de section ou moins, ou 5 millimètres d'épaisseur et au-dessous.	Ouvrages ou objets fabriqués avec des fers en barres, de dimensions transversales égales ou inférieures (g).	(g) Les ouvrages en tôle et en acier ne pourront pas être admis en compensation des fers de petite dimension.
Fers laminés de section irrégulière.	Ouvrages en fer fabriqués avec des fers irréguliers de même forme et d'un poids, par mètre courant, égal ou inférieur.	
Tôles de fer ou d'acier, cuivres laminés........	Ouvrages fabriqués respectivement avec des tôles de fer, des tôles d'acier ou des cuivres laminés, d'épaisseur égale ou inférieure (h).	(h) Les cuivres purs ou alliés introduits ne pourront être compensés que par des cuivres de même composition.
Aciers en barres ou en feuillards. . . .	Ouvrages ou pièces fabriqués avec des barres ou feuillards d'acier de dimensions égales ou inférieures (i).	(i) Les ouvrages en tôle d'acier ne seront pas admis en compensation des barres d'acier.
Aciers laminés de formes irrégulières	Ouvrages en acier fabriqués avec des aciers irréguliers de même forme et d'un poids, par mètre courant, égal ou inférieur.	

3

Les bandages de roues en fer ou en acier, sans soudure, bruts de forge, les tubes en fer, en acier ou en cuivre pur ou allié, ne pourront être admis que sous condition de l'emploi à l'identique.

ART. 4.

La nomenclature des produits et ouvrages fabriqués admis à la sortie sans justification préalable de commandes est arrêtée ainsi qu'il suit :

Objets en fonte. — Les fontes moulées de toute espèce, tuyaux de conduite, marmites, poids et tous autres ouvrages en fonte.

Objets d'un usage général. — Fers en barres, tôles, fers-blancs, fers étamés, cuivrés, plombés ou zingués; fils de fer; bandes d'acier laminées, trempées; chaines en fer, boulons à vis et écrous, vis à bois, clous et pointes; tubes en fer, en acier, en cuivre pur ou en laiton.

Outils à main. — Scies, faux, faucilles, limes, burins, pelles à charbon, pioches, haches et autres gros outils tranchants; marteaux à main, enclumes et étaux.

Petites machines d'un usage courant — Crics, poulies, palans, guindeaux, pompes, balances à bascule, charrues, socs de charrue et autres instruments aratoires.

Articles de ménage, etc. — Pelles et pincettes, seaux, casserie.

ART. 5.

Afin de faciliter le contrôle des opérations, les permissionnaires déclareront à l'entrée et les acquits-à-caution reproduiront : 1° les *dimensions transversales* pour les fers de petite dimension (4 centimètres carrés de section et 5 millimètres d'épaisseur ou moins) et pour les aciers en barres de toute dimension; 2° les *épaisseurs* pour les feuillards, les tôles de fer ou d'acier et les cuivres laminés; 3° la *forme et le poids par mètre courant des barres* pour les fers et aciers laminés de formes irrégulières.

A la sortie et à l'appui des demandes de décharge d'acquits-à-caution, il sera présenté par les permissionnaires, certifié et signé par eux, un bordereau détaillé des objets à exporter, indiquant pour chacun d'eux le poids des divers métaux entrant dans leur composition, savoir : 1° fonte moulée; 2° fers ouvrés de plus de 4 centimètres carrés de section et de plus de 5 millimètres d'épaisseur ; 3° fers de 4 centimètres carrés de section ou de 5 millimètres d'épaisseur ou moins, fers en feuillards, verges ou fils et aciers en barres, feuillards, verges ou fils par catégories de dimensions transversales ; 4° fers ou aciers irréguliers par catégories de formes et de dimensions exprimées par le poids du mètre courant; 5° tôles de fer ou d'acier et cuivre laminés par catégories d'épaisseurs.

ART. 6.

Le délai accordé pour l'exportation des objets fabriqués sera au plus de six mois pour les machines et appareils

3.

et autres ouvrages à l'égard desquels la justification des
commandes est exigée; le délai sera de trois mois au plus
pour les objets de fabrication courante, qu'il y ait eu ou
non justification préalable de commandes.

Paris, le 19 mars 1868.

Le Ministre de l'agriculture,
du commerce et des travaux publics,

DE FORCADE.

DIRECTION GÉNÉRALE
DES
DOUANES.

CIRCULAIRE

transmissive du décret du 9 janvier 1870.

Paris, le 9 février 1870.

L'admission temporaire des métaux a soulevé dans ces der-nières années de vive réclamations. On se plaignait du préju-dice que causaient aux forges françaises les substitutions auxquelles ces métaux donnaient lieu. On signalait aussi l'inégalité de valeur qui existait, dans certains cas, entre la matière introduite et celle qui servait à la fabrication des pro-duits exportés : ainsi, des fers au bois étaient compensés par des objets fabriqués avec des fers au coke, des fontes de mou-lage par des fers obtenus au moyen de fontes d'affinage.

Un décret du 9 du mois dernier [1] *a fait droit à ces récla-mations. A l'avenir, les métaux de toute espèce, autres que les fontes, introduits sous le régime temporaire, devront être trans-portés dans les usines qui auront été autorisées à les mettre en œuvre. Le décret règle, en même temps, que les fontes de mou-lage ne pourront être compensées à la réexportation que par des objets en fonte moulée, et les fers au bois que par des objets fabriqués avec des fers au bois.*

Le Comité consultatif des arts et manufactures est chargé de s'assurer que les objets à réexporter seront en corrélation avec les métaux dont l'importation sera demandée. Les crédits qui

[1] Voir le décret du 9 janvier 1870, page 41.

seront ouverts dans la forme actuelle, sur l'avis du Comité, préciseront, par conséquent, l'espèce et le mode de fabrication des métaux à importer. Le service aura à veiller à ce que les importations et les réexportations n'aient lieu que dans la limite et en conformité de ces crédits.

La fonte de moulage, qu'il s'agira à l'avenir de distinguer de la fonte d'affinage, est, comme son nom l'indique, celle avec laquelle on obtient, par une seconde fusion, les objets en fonte moulée (tuyaux, poterie, candélabres, etc.), tandis que la fonte d'affinage n'est employée qu'à la fabrication du fer. C'est d'Écosse surtout que viennent les fontes de moulage, et il paraît même qu'on ne reçoit de ce pays que des fontes de cette nature. On les reconnaît facilement à la couleur de leur cassure, qui est d'un gris plus ou moins foncé, tirant même sur le noir. Ce caractère est commun à la généralité des fontes de moulage des autres provenances. Il en existe cependant, d'un prix élevé, qui sont blanches. En cas de doute, l'Administration serait consultée.

Les fers au bois étaient autrefois spécialement taxés. La note (342) du tarif officiel et la circulaire n° 683 (ancienne série) donnent sur leurs caractères distinctifs des explications que le service pourra utilement consulter. Ce qui permet habituellement de les reconnaître, c'est qu'ils ont été fabriqués au marteau et gardent la trace du martelage. On les reçoit principalement des ports de la Baltique et de la mer Noire, et quelquefois des entrepôts d'Angleterre et de Belgique.

L'article 2 du décret charge le service des douanes d'assurer l'arrivée à destination des fers et des autres métaux pour lesquels elle est obligatoire. Lorsque les usines seront établies dans les localités mêmes où se trouve le bureau d'importation, les métaux y seront conduits sous escorte. Quand il s'agira d'usines éloignées, le service se bornera à escorter les métaux jusqu'à la gare du chemin de fer ou jusqu'au bateau par lequel ils devront être transportés, et les intéressés s'engageront à justifier de l'arrivée au lieu de destination, soit par un certificat de la douane si elle y a un service, soit, dans le cas contraire, par un certificat du chef de gare de la dernière station pour les transports par la voie ferrée, et, quant aux transports par eau, par la représentation de la lettre de voiture dûment acquittée et revêtue du visa du receveur du dernier bureau de navigation ou du dernier bureau de péage, selon que ces transports s'effectueront par des rivières ou des canaux soumis aux droits de navigation intérieure, ou par des canaux appartenant à des particuliers. L'Administration se réserve d'ailleurs, pour cette classe d'établissements, de faire constater par ses agents l'arrivée des métaux à l'usine, quand elle le jugera convenable. Les directeurs à la circonscription desquels les établissements seront rattachés recevront des instructions à cet effet.

Le décret du 9 janvier est exécutoire dès à présent. Mais, aux termes de l'article 6, les crédits d'importation déjà ouverts restent valables, jusqu'au 9 juillet 1869, sous les conditions déterminées par les règlements antérieurs. Il résulte, en outre, des déclarations faites par le Gouvernement devant le Corps législatif, que le décret du 9 janvier ne sera pas appliqué aux opérations déjà engagées en vertu de marchés dont il sera régulièrement justifié. En donnant avis des ouvertures de crédits d'importation, l'Administration aura soin de signaler au service ceux qui se trouveront dans ce cas d'exception et pourront continuer ainsi, jusqu'à la date qui sera indiquée, à profiter des anciennes tolérances.

Les règlements antérieurs sur l'admission temporaire des

métaux, et notamment le règlement du 19 mars 1868, restent en vigueur dans tout ce qui n'est pas rapporté par le décret du 9 janvier.

Je prie les directeurs de porter cette circulaire à la connaissance du service et du commerce.

Le Directeur général des Douanes,

Signé Amé.

Pour ampliation :

L'Administrateur,

Signé Ramond.

DÉCRET

relatif à l'importation des fers et fontes.

(Inséré au Bulletin des lois du 15 janvier 1870, n° 1776.)

NAPOLÉON, par la grâce de Dieu et la volonté nationale, EMPEREUR DES FRANÇAIS,

A tous présents et à venir, SALUT.

Sur le rapport de notre Ministre secrétaire d'État au département de l'agriculture et du commerce;

Vu l'article 5 de la loi du 5 juillet 1836;

Vu notre décret du 15 février 1862;

AVONS DÉCRÉTÉ et DÉCRÉTONS ce qui suit :

ARTICLE PREMIER.

Les fontes continueront à être admises sous le régime des importations temporaires, tel qu'il est réglé par notre décret du 15 février 1862.

Toutefois, les fontes de moulage ne pourront être importées sous ce régime que pour la fabrication d'ouvrages en fonte moulée.

ART. 2.

Les fers et autres métaux énumérés dans l'article 1er du

décret du 15 février 1862 devront être transportés dans les usines autorisées à les mettre en œuvre.

Le service des douanes prendra les mesures nécessaires pour assurer l'arrivée de ces produits à destination.

ART. 3.

Les fers obtenus au charbon de bois ne pourront être compensés à la sortie par des ouvrages fabriqués avec des fers au coke.

ART. 4.

Les crédits d'importation ne seront ouverts que sur l'avis du Comité consultatif des arts et manufactures, chargé de s'assurer de la corrélation existant entre les matières importées et les produits à exporter.

ART. 5.

Sont maintenues toutes les dispositions de notre décret du 15 février 1862 qui ne sont point contraires au présent.

ART. 6.

Les crédits d'importation déjà ouverts seront valables pendant six mois, à partir de la date du présent décret, sous les conditions déterminées par les règlements antérieurs.

ART. 7.

Nos Ministres secrétaires d'État au département de

l'agriculture et du commerce, et au département des finances, sont chargés, chacun en ce qui le concerne, de l'exécution du présent décret.

Fait au palais des Tuileries, le 9 janvier 1870.

Signé NAPOLÉON.

Par l'Empereur :

Le Ministre Secrétaire d'État au département de l'agriculture et du commerce,

Signé LOUVET.

ÉTABLISSEMENTS DANGEREUX,

INSALUBRES OU INCOMMODES.

DÉCRET

relatif aux Manufactures et Ateliers qui répandent une odeur insalubre ou incommode.

Au palais de Fontainebleau, le 15 octobre 1810.

NAPOLÉON, etc. Sur le rapport de notre Ministre de l'intérieur,

Vu les plaintes portées par différents particuliers contre les manufactures et ateliers dont l'exploitation donne lieu à des exhalaisons insalubres ou incommodes;

Le rapport fait sur ces établissements par la section de chimie de la classe des sciences physiques et mathématiques de l'Institut;

Notre Conseil d'état entendu,

Nous AVONS DÉCRÉTÉ et DÉCRÉTONS ce qui suit :

ARTICLE PREMIER.

A compter de la publication du présent décret, les manufactures et ateliers qui répandent une odeur insalubre ou incommode ne pourront être formés sans une permission de l'autorité administrative : ces établissements seront divisés en trois classes.

La première classe comprendra ceux qui doivent être éloignés des habitations particulières ;

La seconde, les manufactures et ateliers dont l'éloignement des habitations n'est pas rigoureusement nécessaire, mais dont il importe néanmoins de ne permettre la formation qu'après avoir acquis la certitude que les opérations qu'on y pratique sont exécutées de manière à ne pas incommoder les propriétaires du voisinage, ni à leur causer des dommages.

Dans la troisième classe seront placés les établissements qui peuvent rester sans inconvénients auprès des habitations, mais doivent rester soumis à la surveillance de la police.

ART. 2.

La permission nécessaire pour la formation des manufactures et ateliers compris dans la première classe sera accordée avec les formalités ci-après, par un décret rendu en notre Conseil d'État ;

Celle qui exigera la mise en activité des établissements compris dans la seconde classe, le sera par les préfets, sur l'avis des sous-préfets.

Les permissions pour l'exploitation des établissements placés dans la dernière classe seront délivrées par les sous-préfets, qui prendront préalablement l'avis des maires.

ART. 3.

La permission pour les manufactures et fabriques de 1re classe ne sera accordée qu'avec les formalités suivantes :

La demande en autorisation sera présentée au préfet, et affichée par son ordre dans toutes les communes, à 5 kilomètres de rayon.

Dans ce délai, tout particulier sera admis à présenter ses moyens d'opposition.

Les maires des communes auront la même faculté.

ART. 4.

S'il y a des oppositions, le conseil de préfecture donnera son avis, sauf la décision au Conseil d'État.

ART. 5.

S'il n'y a pas d'opposition, la permission sera accordée, s'il y a lieu, sur l'avis du préfet et le rapport de notre Ministre de l'intérieur.

ART. 6.

S'il s'agit de fabriques de soude, ou si la fabrique doit être établie dans la ligne des douanes, notre directeur général des douanes sera consulté.

ART. 7.

L'autorisation de former des manufactures et ateliers

compris dans la seconde classe ne sera accordée qu'après
que les formalités suivantes auront été remplies :

L'entrepreneur adressera d'abord sa demande au sous-
préfet de son arrondissement, qui la transmettra au maire
de la commune dans laquelle on projette de former l'é-
tablissement, en le chargeant de procéder à des informations *de commodo et incommodo.* Ces informations terminées,
le sous-préfet prendra sur le tout un arrêté qu'il transmettra au préfet. Celui-ci statuera, sauf le recours à notre
Conseil d'État par toutes parties intéressées.

S'il y a opposition, il y sera statué par le conseil de
préfecture, sauf le recours au Conseil d'État.

ART. 8.

Les manufactures et ateliers ou établissements portés
dans la troisième classe ne pourront se former que sur
la permission du préfet de police, à Paris, et sur celle du
maire dans les autres villes.

S'il s'élève des réclamations contre la décision prise
par le préfet de police ou les maires, sur une demande en
formation de manufacture ou d'atelier compris dans la
troisième classe, elles seront jugées en conseil de préfecture.

ART. 9.

L'autorité locale indiquera le lieu où les manufactures
et ateliers compris dans la première classe pourront s'établir, et exprimera sa distance des habitations particulières.

Tout individu qui ferait des constructions dans le voisinage de ces manufactures et ateliers après que la forma-

tion en aura été permise, ne sera plus admis à en solliciter l'éloignement.

ART. 10.

La division en trois classes des établissements qui répandent une odeur insalubre ou incommode aura lieu conformément au tableau annexé au présent décret impérial [*]. Elle servira de règle, toutes les fois qu'il sera question de prononcer sur des demandes en formation de ces établissements.

ART. 11.

Les dispositions du présent décret n'auront point d'effet rétroactif; en conséquence, tous les établissements qui sont aujourd'hui en activité continueront à être exploités librement, sauf les dommages dont pourront être passibles les entrepreneurs de ceux qui préjudicient aux propriétés de leurs voisins; les dommages seront arbitrés par les tribunaux.

ART. 12.

Toutefois, en cas de graves inconvénients pour la salubrité publique, la culture, ou l'intérêt général, les fabriques et ateliers de 1re classe qui les causent pourront être supprimés, en vertu d'un décret rendu en notre Conseil d'État, après avoir entendu la police locale, pris l'avis des préfets, reçu la défense des manufacturiers ou fabricants.

ART 13.

Les établissements maintenus par l'article 11 cesseront

[*] Voir la nomenclature actuellement en vigueur, page 76.

4

de jouir de cet avantage, dès qu'ils seront transférés dans un autre emplacement, ou qu'il y aura une interruption de six mois dans leurs travaux. Dans l'un et l'autre cas, ils rentreront dans la catégorie des établissements à former, et ils ne pourront être remis en activité qu'après avoir obtenu, s'il y a lieu, une nouvelle permission.

ART. 14.

Nos Ministres de l'intérieur et de la police générale sont chargés, chacun en ce qui le concerne, de l'exécution du présent décret, qui sera inséré au Bulletin des lois.

Signé NAPOLÉON.

Par l'Empereur :

Le Ministre Secrétaire d'État,

Signé H. B. duc DE BASSANO.

ORDONNANCE

contenant règlement sur les manufactures, établissements
et ateliers qui répandent une odeur insalubre ou incommode.

Au château des Tuileries, le 14 janvier 1815.

LOUIS, etc. Sur le rapport de notre Ministre secrétaire d'État de l'intérieur ;

Vu le décret du 15 octobre 1810, qui divise en trois
classes les établissements insalubres ou incommodes, dont
la formation ne peut avoir lieu qu'en vertu d'une permission de l'autorité administrative ;

Le tableau de ces établissements qui y est annexé :

L'état supplémentaire arrêté par le ministre de l'intérieur le 22 novembre 1811 ;

Les demandes adressées par plusieurs préfets, à l'effet
de savoir si les permissions nécessaires pour la formation
des établissements compris dans la troisième classe seront
délivrées par les sous-préfets ou par les maires ;

Notre Conseil d'État entendu,

Nous avons ordonné et ordonnons ce qui suit :

ARTICLE PREMIER.

A compter de ce jour, la nomenclature jointe à la présente ordonnance[1] servira seule de règle pour la formation

_____

[1] Cette nomenclature a été refondue en 1866. (Voir page 76.)

4.

des établissements répandant une odeur insalubre ou incommode.

ART. 2.

Le procès-verbal d'information *de commodo et incommodo*, exigé par l'article 7 du décret du 15 octobre 1810, pour la formation des établissements compris dans la seconde classe de la nomenclature, sera pareillement exigible, en outre de l'affiche de demande, pour la formation de ceux compris dans la première classe.

Il n'est rien innové aux autres dispositions de ce décret.

ART. 3.

Les permissions nécessaires pour la formation des établissements compris dans la troisième classe seront délivrées dans les départements, conformément aux articles 2 et 8 du décret du 15 octobre 1810, par les sous-préfets, après avoir pris préalablement l'avis des maires et de la police locale.

ART. 4.

Les attributions données aux préfets et aux sous-préfets par le décret du 15 octobre 1810, relativement à la formation des établissements répandant une odeur insalubre ou incommode, seront exercées par notre directeur général de la police dans toute l'étendue du département de la Seine, et dans les communes de Saint-Cloud, de Meudon et de Sèvres, du département de Seine-et-Oise.

ART. 5.

Les préfets sont autorisés à faire suspendre la formation

ou l'exercice des établissements nouveaux qui, n'ayant pu
être compris dans la nomenclature précitée, seraient cependant de nature à y être placés. Ils pourront accorder l'autorisation d'établissement pour tous ceux qu'ils jugeront
devoir appartenir aux deux dernières classes de la nomenclature, en remplissant les formalités prescrites par le
décret du 15 octobre 1810, sauf, dans les deux cas, à en
rendre compte à notre directeur général des manufactures
et du commerce.

ART. 6.

Notre Ministre secrétaire d'État de l'intérieur est chargé
de l'exécution de la présente ordonnance, qui sera insérée
au Bulletin des lois,

Signé LOUIS.

Par le Roi :

Le Ministre Secrétaire d'État de l'intérieur,

Signé l'abbé DE MONTESQUIOU,

MINISTÈRE
DE L'INTÉRIEUR,
DE L'AGRICULTURE
ET
DU COMMERCE.

CIRCULAIRE

transmissive du décret du 25 mars 1852.

Paris, le 6 avril 1852.

MONSIEUR LE PRÉFET, d'après le décret rendu par Monseigneur le Prince Président de la République le 25 mars dernier, il vous appartiendra, à l'avenir, de statuer sur les demandes tendant à obtenir l'autorisation de créer des ateliers dangereux, insalubres ou incommodes, de première classe, dans les formes déterminées pour cette nature d'établissements, et avec les recours aujourd'hui existants pour les ateliers de deuxième classe.

Vous aurez, en conséquence de cette disposition, à conserver les affaires de cette nature qui pourraient être en cours d'instruction dans votre préfecture; il vous appartient même de donner suite à celles dont mon ministère avait été saisi et sur lesquelles il n'a pas encore été statué définitivement. A cet effet, j'ai l'honneur de vous en renvoyer les dossiers.

Veuillez dorénavant, Monsieur le Préfet, suivre la nouvelle marche indiquée dans le décret, et prononcer, selon qu'il y aura lieu, l'admission ou le rejet des demandes, après accomplissement des formalités prescrites par le décret du 15 octobre 1810 et l'ordonnance du 14 janvier 1815, et après que vous aurez pris l'avis du conseil d'hygiène et de salubrité de l'arrondissement dans lequel l'établissement sera projeté : le conseil de préfecture devra d'ailleurs être consulté, comme par le passé, sur les oppositions qui se produiraient dans le cours de l'instruction, tout en conservant sa juridiction, pour le cas où les opposants croiraient devoir y recourir après la décision d'autorisation.

Je me réserve de vous adresser des instructions plus développées sur les diverses questions qui, après un examen approfondi, me paraîtront devoir naître de l'application du décret du 25 mars en ce qui concerne les établissements dangereux, insalubres ou incommodes; mais dès aujourd'hui je ne saurais trop vous recommander de tenir la main à ce que les affaires de cette nature soient instruites avec toute la célérité possible, le but des récentes dispositions adoptées par Monseigneur le Prince Président étant d'abréger les délais qui pouvaient retarder la solution des demandes en création d'ateliers, et porter ainsi préjudice à l'industrie et aux populations ouvrières.

Veuillez m'accuser réception de la présente circulaire.

Recevez, Monsieur le Préfet, l'assurance de ma considération très-distinguée.

Le Ministre de l'intérieur, de l'agriculture
et du commerce.

Pour le Ministre et par autorisation :

Le Conseiller d'État,
Directeur de l'agriculture et du commerce,

Signé HEURTIER.

DÉCRET

sur la décentralisation administrative.

(EXTRAIT.)

ART. 2. Les préfets statueront également, sans l'autorisation du Ministre de l'intérieur, sur les divers objets concernant les subsistances, les encouragements à l'agriculture, l'enseignement agricole et vétérinaire, les affaires commerciales et la police sanitaire et industrielle, dont la nomenclature est fixée par le tableau B ci-annexé.

. . . .

ART. 6. Les préfets rendront compte de leurs actes aux Ministres compétents dans les formes et pour les objets déterminés par les instructions que ces Ministres leur adresseront.

Ceux de ces actes qui seraient contraires aux lois et règlements ou qui donneraient lieu aux réclamations des parties intéressées pourront être annulés ou réformés par les Ministres compétents.

. . . .

Signé LOUIS NAPOLÉON.

Le Ministre de l'intérieur,

Signé F. DE PERSIGNY.

TABLEAU B.

Nomenclature des attributions nouvelles des Préfets.

(Extrait.)

. . . .

§ 8. Autorisation des établissements insalubres de 1ʳᵉ classe dans les formes déterminées pour cette nature d'établissements et avec les recours existant aujourd'hui pour les établissements de 2ᵉ classe.

. . . .

MINISTÈRE
DE L'INTÉRIEUR,
DE L'AGRICULTURE
ET
DU COMMERCE.

CIRCULAIRE

commentant le décret du 25 mars 1852.

Paris, le 15 décembre 1852.

Monsieur le Préfet, je viens, ainsi que l'annonçait ma circulaire du 6 avril dernier, compléter mes instructions pour l'application du décret du 25 mars précédent, en ce qui concerne les établissements insalubres ou incommodes.

Le premier point sur lequel j'appellerai votre attention, parce qu'il a déjà été l'objet d'une interprétation erronée, c'est le cas où il s'agit de suppression d'un établissement par application de l'article 12 du décret du 15 octobre 1810. Les affaires de ce genre doivent être instruites comme elles l'étaient avant le décret du 25 mars, et soumises ensuite à l'Administration supérieure, qui ne statuera qu'après avoir pris l'avis du Conseil d'État. Le décret ne décentralise, en effet, que les demandes en autorisation, et ses motifs ne sauraient s'appliquer à des instances qui se présentent en général très-rarement, n'offrent pas un caractère d'urgence et peuvent entraîner une sorte d'expropriation.

Pour ce qui concerne les établissements nouveaux qui, n'ayant pas été compris dans la nomenclature des ateliers classés, vous

sembleraient de nature à être rangés dans la première classe,
vous n'aurez point à en déterminer le classement, même provisoire; mais vous en référerez à mon ministère, afin que la mesure puisse être l'objet d'un décret, vous bornant à suspendre,
au besoin, la formation ou l'exploitation de l'usine.

A l'égard des établissements non encore classés qui vous paraîtraient devoir entrer dans l'une ou l'autre des deux dernières
classes, vous pouvez, d'après l'article 5 de l'ordonnance du
14 janvier 1815, en permettre provisoirement la formation, en
portant immédiatement cette décision à ma connaissance. Toutefois, vous comprendrez facilement qu'il convient de n'user de
cette faculté que dans les cas urgents, et je vous recommande de
me soumettre, en général, la question du classement, avant de
laisser ouvrir l'usine, même à titre provisoire. C'est le moyen de
prévenir, pour l'Administration, l'inconvénient d'avoir à revenir
sur ses décisions, et, pour les industriels, des dépenses qui de-
viendraient inutiles, si le classement primitif n'était pas maintenu.

La marche que je viens d'indiquer aura, en outre, l'avantage de permettre à l'Administration de procéder par mesure
générale, de telle sorte qu'une même industrie ne soit plus ran-
gée dans des classes différentes, suivant les appréciations diverses
des autorités départementales.

Votre responsabilité s'étant accrue en raison de l'extension
de vos pouvoirs, je ne saurais trop vivement vous engager à
provoquer, dans l'examen des demandes en autorisation d'établissements de première classe, tous les avis qui pourraient être
utiles ; je vous ai déjà invité, par ma circulaire du 6 avril,
à consulter, sur toutes ces affaires, le conseil d'hygiène et de
salubrité de l'arrondissement. Je tiens, en outre, à votre dispo-

sition, pour les cas les plus graves, les hautes lumières du
Comité consultatif des arts et manufactures : les dossiers que vous
m'enverrez pour lui être soumis seront l'objet d'un examen
attentif, et vous trouverez toujours dans les rapports du Comité de
précieux éléments de décision.

Désirant vous aider dans l'accomplissement de cette nouvelle
et importante partie de vos devoirs administratifs, j'ai fait
dresser un tableau (annexe A) indiquant les conditions d'exploitation qu'il est dans l'usage d'exiger à l'égard des établissements
qui présentent le plus d'inconvénients pour le voisinage. Vous y
trouverez les garanties qu'il importe d'exiger, communément,
dans les autorisations. Elles m'ont paru applicables à la plupart
des cas; mais vous aurez à y ajouter ou à en retrancher certaines
conditions suivant les différences des situations, et en tenant
compte des divers modes et systèmes de fabrication. Ainsi comprises, les indications de l'annexe précitée seront souvent un
guide utile et elles produiront, autant que possible, l'unifor-
mité, si désirable dans cette partie de la jurisprudence administrative.

Je vous recommande de nouveau, et très-instamment, de procéder à l'instruction des affaires avec la plus grande activité, afin
d'éviter des délais préjudiciables à l'industrie.

Aux termes de l'article 6 du décret du 25 mars, vous avez
à me rendre compte des actes de votre administration, dans les
formes à déterminer. Pour vous faciliter l'accomplissement de
cette obligation, en ce qui concerne les établissements insalubres,
je vous adresse un modèle de tableau (annexe B), que vous
voudrez bien faire remplir et m'envoyer à la fin de chaque trimestre. Ce tableau est destiné à présenter la situation des affaires
d'établissements insalubres de toute classe ; il est divisé en trois.

parties, l'une relative aux autorisations accordées, la seconde aux autorisations refusées, et la troisième aux affaires en instance.

Je vous prie de tenir la main à ce que ce document soit établi avec le plus grand soin, et à ce qu'il me parvienne exactement dans la première quinzaine des mois de janvier, d'avril, de juillet et d'octobre de chaque année. Le premier envoi devra avoir lieu avant le 15 janvier prochain, et je pourrai ainsi, tout en vérifiant si mes instructions ont été ponctuellement observées, faire continuer le travail de statistique spéciale commencé dans les bureaux de mon ministère.

Enfin, le paragraphe 9 du tableau B annexé à l'article 2 du décret chargeant les préfets de statuer sur les demandes en autorisation de créer des ateliers insalubres ou incommodes de première classe, avec les recours existants pour les ateliers de deuxième classe, je crois devoir, pour prévenir toute hésitation, vous tracer la marche à suivre en cas de pourvoi.

Lorsqu'une demande en autorisation est admise par l'autorité préfectorale, ceux qui croient avoir à s'en plaindre, qu'ils aient ou non figuré dans l'enquête, sont indistinctement reçus à former opposition devant le conseil de préfecture, qui statue contradictoirement, sauf recours au Conseil d'État.

Dans l'hypothèse contraire, c'est-à-dire quand l'autorisation a été refusée, la seule voie ouverte au demandeur est celle du recours au Conseil d'État; son appel au conseil de préfecture ne serait pas recevable.

C'est en ce sens que doit être entendu l'article 7 du décret du 15 octobre 1810 interprété par la circulaire du 3 novembre 1828, et c'est d'après ces principes que doivent être désormais introduits les recours en matière d'établissements de première classe.

Je vous serai obligé de m'accuser réception de la présente circulaire.

Recevez, Monsieur le Préfet, l'assurance de ma considération très-distinguée.

Pour le Ministre :

Le Conseiller d'État,
Directeur de l'agriculture et du commerce,

Signé HEURTIER.

ANNEXE A.

Conditions à insérer dans les arrêtés d'autorisation de certains établissements, rangés dans la première catégorie des ateliers dangereux, insalubres ou incommodes.

§ 1er. — FABRIQUES D'ACIDE SULFURIQUE.

1° Élever la cheminée de l'usine servant au dégagement du gaz à une hauteur convenable, qui sera déterminée d'après l'examen de la localité ;

2° Condenser complétement les vapeurs ou gaz odorants ou nuisibles.

§ 2. — FABRIQUES D'ALLUMETTES CHIMIQUES.

1° N'employer dans la confection des allumettes ni chlorate de potasse, ni aucun autre sel rendant les mélanges explosibles ;

2° Broyer à sec et séparément les matières premières dont on fait usage ;

3° Ne jamais préparer à la fois au delà d'un litre de matières mélangées de phosphore, lesquelles devront être conservées à la cave, dans un vase plongé dans l'eau ;

4° Se livrer à cette fabrication dans un atelier légèrement construit, plafonné et non planchéié, et isolé de toute construction ;

5° Recouvrir en plâtre tous les bois apparents dans les pièces où l'on confectionne les allumettes ;

6° Déposer les objets fabriqués dans un local séparé qui ne présente aucun danger sous le rapport du feu ;

7° Opérer le transport des allumettes fabriquées dans des boîtes en métal, tel que fer-blanc, zinc, etc.

Se conformer, en outre, à toutes les dispositions des règlements existants, et à toutes celles qui pourraient être prescrites ultérieurement sur le fait des fabriques d'allumettes chimiques.

(N. B.) L'autorisation devra être limitée à cinq ans.

§ 3. — FABRIQUES D'AMORCES FULMINANTES.

1° Se conformer à toutes les dispositions prescrites par les ordonnances des 25 juin 1823 et 30 octobre 1836, pour les fabriques de
poudre ou matières fulminantes ;

2° Construire le séchoir et l'atelier de tamisage en matériaux légers, et
la poudrière en maçonnerie ; séparer les diverses parties de l'établissement
par des talus en terre, de 3 mètres de hauteur ;

3° Établir en dehors des talus les fourneaux du séchoir, pour l'éléva-
tion de la température duquel il ne sera employé que la vapeur ou l'eau
chaude.

(N. B.) L'autorisation devra être limitée à cinq ans.

§ 4. — ARTIFICIERS.

1° Établir la poudrière au-dessus du niveau du sol, et la couvrir d'une
toiture légère ;

2° Ne jamais avoir en dépôt plus de 4 à 5 kilogrammes de poudre
à la fois pour les besoins de la fabrication.

(N. B.) L'autorisation devra être limitée à cinq ans.

§ 5. — BOYAUDERIES.

1° Tenir l'atelier dans un grand état de propreté au moyen de fréquents lavages, soit à l'eau pure, soit à l'eau chlorurée ;

2° Ne recevoir que des menus convenablement préparés ou nettoyés ;

3° Ne conserver aucun des résidus susceptibles de fermenter ou de se
putréfier ;

4° Donner un écoulement rapide aux eaux de lavage.

§ 6. — CALCINATION DES OS.

1° Clore l'établissement de murs ;

2° Apporter les os dans l'établissement complétement décharnés, et
limiter les approvisionnements aux besoins de la fabrication ;

3° Opérer la calcination des os à vases clos, et diriger la fumée des
fours dans une cheminée commune, construite en briques et élevée de
10 mètres au dessus du sol.

§ 7. — ATELIERS D'ÉQUARRISSAGE ET DE CUISSON DE DÉBRIS D'ANIMAUX.

1° Clore l'établissement de murs et l'entourer d'arbres;

2° Paver les cours intérieures; daller les caves à abattre les animaux, et y opérer de fréquents lavages;

3° Garnir de dalles cimentées à la chaux hydraulique, jusqu'à un mètre de hauteur, le pourtour de l'atelier d'abatage et celui des ateliers de cuisson;

4° Recevoir les matières liquides résultant du travail de l'équarrissage dans des citernes voûtées et closes; soumettre les chairs et les autres matières animales à une dessication suffisante pour qu'elles ne soient plus sujettes à se corrompre;

5° Ne faire dans l'établissement aucune accumulation d'os ou de résidus;

6° Faire la cuisson des chairs à vases clos, dans les vingt-quatre heures de l'abatage;

7° Ne transporter les animaux morts à l'équarrissage que dans des voitures couvertes et munies d'une plaque indiquant leur destination.

§ 8. — DÉPÔTS D'ENGRAIS, DE POUDRETTE, ETC.

1° Désinfecter les matières fécales dans les fosses d'aisances, et les transporter au moyen de tonneaux hermétiquement fermés;

2° Déposer les matières dans des fosses recouvertes de hangars, et les couvrir de charbon, afin d'éviter toute émanation désagréable;

3° Construire les fosses destinées à recevoir les matières fécales en maçonnerie, et les cimenter de façon à empêcher le liquide de filtrer à travers les terres et d'infecter les puits ou citernes;

4° Déposer sous les hangars, et à l'abri de l'humidité, les matières converties en engrais.

§ 9. — FONDERIES DE SUIF.

1° Recouvrir la chaudière dans laquelle la graisse est mise en fusion d'une hotte en planches parfaitement jointes;

2° Mettre cette hotte en communication avec la cheminée de tirage, et luter les joints de manière à forcer les vapeurs à se rendre dans le tuyau d'appel.

§ 10. — GAZ D'ÉCLAIRAGE.

Se reporter aux conditions prescrites par l'ordonnance du 27 janvier 1846, portant règlement sur les usines et les établissements d'éclairage par le gaz.

(N. B.) *L'extension que prennent la plupart de ces usines exige qu'elles soient éloignées le plus possible des habitations, et même qu'elles soient établies hors des villes.*

§ 11. — FABRIQUES DE TOILES CIRÉES, DE CUIRS VERNIS, DE VERNIS.

1° Faire construire l'étuve en matériaux incombustibles;

2° Construire en plâtre et moellons le local où l'on fait cuire les huiles, et surmonter les chaudières d'une hotte avec un tuyau pour le dégagement des vapeurs.

§ 12. — TRIPERIES.

N'amener dans la triperie que des matières fraîches, parfaitement lavées et prêtes à être soumises à la cuisson.

MINISTÈRE
DE
L'AGRICULTURE,
DU COMMERCE
ET DES
TRAVAUX PUBLICS.

CIRCULAIRE

transmissive du décret du 31 décembre 1866.

Paris, le 18 janvier 1867.

Monsieur le Préfet, je crois devoir vous adresser le texte du décret du 31 décembre 1866 et la nouvelle nomenclature des établissements insalubres, dangereux ou incommodes, avec le rapport dans lequel j'ai eu l'honneur d'exposer à S. M. l'Empereur le caractère et la portée de cette mesure.

Vous remarquerez, Monsieur le Préfet, que le nouveau décret n'a pour objet qu'un classement des industries, au point de vue de l'autorisation prescrite sous le régime établi par le décret du 15 octobre 1810, et qu'il ne touche ni aux dispositions qui constituent ce régime, ni aux conditions spéciales imposées à quelques industries classées. Les instructions antérieures, et notamment les circulaires du 6 avril et du 15 décembre 1852, restent donc applicables, en principe, et je ne puis qu'insister ici sur la nécessité, pour l'administration, de s'inspirer de l'esprit qui a dicté la nouvelle nomenclature. En présence du mouvement actuel des affaires, mouvement accéléré par diverses causes, et surtout par les moyens de communication rapide, ainsi que par les besoins de la concurrence, il est plus que jamais indispensable de prononcer sur les demandes d'autorisation, sans dépasser le délai strictement nécessaire à une suffisante instruction. J'appelle particulièrement votre attention sur ce point, et je vous prie de me faire régulièrement l'envoi des tableaux trimestriels destinés à présenter la situation des affaires de l'espèce, dans chaque département (Annexe B de la circulaire du 15 décembre 1852).

Le décret du 31 décembre 1866 n'a en vue, ainsi qu'il a été dit ci-dessus, qu'un classement des industries sous le rapport de l'autorisation qui nous occupe ; mais ce classement est général. De là, Monsieur le Préfet, la conséquence que toutes les industries qui ne sont pas comprises sont, en vertu du décret, dispensées de l'autorisation spéciale, lors même qu'elles auraient été précédemment classées provisoirement ou définitivement, et que celles qui y figurent dans une classe inférieure à leur précédent classement n'ont plus à subir que les formalités indiquées pour une classe inférieure.

D'après la pensée qui a présidé au nouveau classement dans lequel on s'est attaché à n'enlever à la liberté industrielle que ce qui est réellement nécessaire pour sauvegarder de sérieux intérêts, il doit se produire une diminution notable dans le nombre des cas où les industriels ont à recourir à l'autorité, et on ne peut pas douter que la réunion de tous les classements dans une seule nomenclature, préparée d'ailleurs avec le plus grand soin, ne facilite, à tous les degrés, l'examen des affaires.

Quant aux conditions qui étaient formulées dans l'annexe A de la circulaire du 15 décembre 1852, conditions qui avaient été alors jugées susceptibles d'être le plus ordinairement imposées à plusieurs industries de la première classe, dont le décret de décentralisation venait de transférer l'autorisation aux préfectures, j'ai demandé l'avis du Comité consultatif des arts et manufactures, d'après lequel j'apprécierai s'il y a encore lieu, de la part de l'administration centrale, à une intervention de ce genre, et dans quelle mesure. Aussitôt que j'aurai reçu l'avis précité, je vous entretiendrai de cette partie de la question. En attendant, et si vous aviez besoin, pour quelque affaire de votre département, du concours éclairé de ce Comité vous pourriez m'en transmettre le dossier, qui devrait contenir, avec toutes les pièces, les avis des fonctionnaires locaux et du conseil d'hygiène et de salubrité de l'arrondissement. Je m'empresserais de provoquer l'examen du Comité... je vous en ferais connaître le résultat.

Le Ministre Secrétaire d'État
au département de l'agriculture, du commerce
et des travaux publics,

Signé ARMAND BÉHIC.

RAPPORT A L'EMPEREUR.

SIRE,

La formation des établissements industriels considérés au
point de vue de leur nocuité est soumise à un régime dont les
bases sont fixées par le décret du 15 octobre 1810, l'ordonnance royale du 14 janvier 1815 et le décret de décentralisation du 25 mars 1852.

Sous ce régime, qui a pour but de sauvegarder les intérêts
du voisinage sans exposer les industriels à ce qu'il y aurait
de trop incertain et de trop variable dans l'action de la police
locale, des décrets délibérés en Conseil d'État arrêtent la nomenclature des ateliers réputés insalubres, dangereux ou incommodes, qui ne peuvent, à ce titre, être formés sans une autorisation administrative, et cette autorisation indique, s'il y a
lieu, les conditions jugées nécessaires pour prévenir tout sérieux
inconvénient.

Les établissements sont divisés en trois classes, dont la
première se compose de ceux dont les inconvénients sont assez
graves pour qu'ils doivent être indispensablement éloignés des
habitations. La permission, en ce qui les concerne, ne pouvait
d'abord être accordée que par décret rendu en Conseil d'État;
mais elle est, depuis 1852, dans les attributions des préfets,
qui prononcent sur les demandes après apposition d'affiches,

pendant un mois, dans un rayon de cinq kilomètres, enquête
de commodo et incommodo, et s'il y a des oppositions, après
avis du conseil de préfecture. Quant aux ateliers rangés dans
la deuxième et la troisième classe, ils sont autorisés, les premiers, par les préfets, sans l'obligation des affiches, mais après
enquête, et les derniers par les sous-préfets, sans nécessité
d'affiche ni d'enquête.

Les demandeurs et les voisins peuvent, du reste, attaquer par
la voie contentieuse les décisions intervenues, et ceux-ci ont même
le droit, s'ils se prétendent lésés, d'agir en dommages-intérêts
devant les tribunaux ordinaires.

Les tableaux annexés au décret du 15 octobre 1810 et à
l'ordonnance royale du 14 janvier 1815 contenaient une nomenclature d'établissements industriels répartis dans les trois classes.
Depuis lors, des ordonnances royales ou des décrets y ont
ajouté beaucoup d'autres industries, et plusieurs tableaux
complémentaires ont été publiés successivement. Enfin, des
décisions préfectorales ou ministérielles, rendues conformément
à l'avis du Comité des arts et manufactures, ont opéré pour des
industries nouvelles un assez grand nombre de classements provisoires, en vertu du pouvoir que l'ordonnance du 14 janvier
1815 donne à l'Administration, et il était d'autant plus utile et
opportun d'en user que l'industrie traversait une période de
rapide transformation, pendant laquelle des classements définitifs eussent été souvent impossibles à déterminer convenablement,
au moins pour un certain temps.

Mais il m'a paru, Sire, qu'après les progrès si considérables
accomplis aujourd'hui dans les sciences appliquées à l'industrie,
un grand nombre d'ateliers pourraient, sans danger, être descen-
dus de classe ou même dispensés de l'autorisation, et que, dans

leur ensemble, les classements actuels pourraient être amé-
liorés, en même temps qu'ils seraient fondus dans une nomenclature générale; j'ai chargé, en conséquence, le Comité consultatif des arts et manufactures de procéder à une révision,
pour laquelle ce conseil offre toutes les garanties désirables.

Le Comité a examiné avec le plus grand soin l'état actuel de
toutes les industries, sous le rapport de leurs inconvénients pour
le voisinage. Il n'a pas hésité à reconnaître que, par des causes
diverses, les perfectionnements introduits ont eu pour résultat
d'atténuer ou même d'annuler dans beaucoup de cas la nocuité
qui, à l'origine, avait déterminé les classements, et que la
situation opposée se présente très-rarement. Il a dressé un
tableau général destiné à remplacer tous les classements définitifs
ou provisoires antérieurement admis, en s'attachant à n'y com-
prendre que les industries qui, dans l'état actuel des choses, sont
réellement insalubres, dangereuses ou incommodes, et ce projet
a été renvoyé au Conseil d'État, qui a fait lui-même un examen
approfondi des diverses questions qu'il soulève.

La nouvelle nomenclature des établissements insalubres, dangereux ou incommodes que j'ai l'honneur de vous soumettre
rentrera, Sire, j'ose l'espérer, dans les vues de Votre Majesté.
Il a été possible, en effet, sans compromettre aucun intérêt, de
supprimer les classements définitifs ou provisoires pour plus de
cent industries, et d'en descendre de classe près de quatre-vingts,
tandis que quelques-unes seulement ont dû être introduites dans
la nomenclature ou relevées de classe. La mesure projetée aura
ainsi l'avantage de diminuer le nombre des cas dans lesquels
les industriels ont besoin de recourir à l'autorité, et, dans les
circonstances où une autorisation préalable a paru justifiée, de
réduire souvent les formalités et les délais. Enfin, la réunion

*dans un seul tableau de tous les classements en rendra la
connaissance plus facile aux intéressés. La mesure dont il s'agit
n'aura donc, à tous les points de vue, que des résultats utiles
pour l'industrie, et j'ai l'honneur, en conséquence, de présenter
avec confiance à la signature de Votre Majesté le décret destiné
à la réaliser.*

J'ai l'honneur d'être, avec le plus profond respect,

     Sire,

        De Votre Majesté,

            *Le très-humble et très-obéissant serviteur
et fidèle sujet,*

Le Ministre Secrétaire d'État
au département de l'agriculture, du commerce
et des travaux publics,

ARMAND BÉHIC.

DÉCRET.

NAPOLÉON, par la grâce de Dieu et la volonté nationale, Empereur des Français,

A tous présents et à venir, salut.

Sur le rapport de notre Ministre secrétaire d'État au
département de l'agriculture, du commerce et des travaux
publics ;

Vu le décret du 15 octobre 1810, l'ordonnance royale
du 14 janvier 1815, et le décret du 25 mars 1852 sur
la décentralisation administrative ;

Vu les ordonnances des 29 juillet 1818, 25 juin 1823,
10 août 1824, 9 février 1825, 5 novembre 1826,
10 septembre 1828, 31 mai 1833, 5 juillet 1834,
10 octobre 1836, 27 janvier 1837, 25 mars, 15 avril et
7 mai 1838, 27 janvier 1846, et les décrets des 6 mai
1849, 19 février 1853, 21 mai 1862, 26 août 1865 et
8 avril 1866, portant addition ou modification aux classements des établissements réputés insalubres, dangereux
ou incommodes;

Vu les avis du Comité consultatif des arts et manufactures;

Notre Conseil d'État entendu,

Avons décrété et décrétons ce qui suit :

ARTICLE PREMIER.

La division en trois classes des établissements réputés

insalubres, dangereux ou incommodes, aura lieu conformément au tableau annexé au présent décret. Elle servira
de règle toutes les fois qu'il sera question de prononcer sur
les demandes en formation de ces établissements.

ART. 2.

Notre Ministre secrétaire d'État au département de
l'agriculture, du commerce et des travaux publics, est
chargé de l'exécution du présent décret, qui sera inséré au
Bulletin des lois.

Fait au palais des Tuileries, le 31 décembre 1866.

NAPOLÉON.

Par l'Empereur :

Le Ministre Secrétaire d'État
au département de l'agriculture, du commerce
et des travaux publics,

ARMAND BÉHIC.

NOMENCLATURE

DES ÉTABLISSEMENTS INSALUBRES,

DANGEREUX OU INCOMMODES

ANNEXÉE AU DÉCRET CI-DESSUS.

DÉSIGNATION DES INDUSTRIES.	INCONVÉNIENTS.	CLASSES.
Abattoir public....................	Odeur et altération des eaux..............	1re.
Absinthe. (Voir *Distillerie*.)		
Acide arsénique (Fabrication de l'), au moyen de l'acide arsénieux et de l'acide azotique :		
1° Quand les produits nitreux ne sont pas absorbés.	Vapeurs nuisibles......	1re.
2° Quand ils sont absorbés...............	Idem...............	2e.
Acide chlorhydrique (Production de l') par décomposition des chlorures de magnésium, d'aluminium et autres :		
1° Quand l'acide n'est pas condensé............	Émanations nuisibles....	1re.
2° Quand l'acide est condensé...............	Émanations accidentelles.	2e.
Acide muriatique. (Voir *Acide chlorhydrique*.)		
Acide nitrique........................	Émanations nuisibles...	3e.
Acide oxalique (Fabrication de l') :		
1° Par l'acide nitrique.		
a. Sans destruction des gaz nuisibles...........	Fumée............	1re.
b. Avec destruction des gaz nuisibles..........	Fumée accidentelle.....	3e.
2° Par la sciure de bois et la potasse...........	Fumée............	2e.
Acide picrique :		
1° Quand les gaz nuisibles ne sont pas brûlés.....	Vapeurs nuisibles......	1re.
2° Avec destruction des gaz nuisibles..........	Idem...............	3e.
Acide pyroligneux (Fabrication de l') :		
1° Quand les produits gazeux ne sont pas brûlés...	Fumée et odeur........	2e.
2° Quand les produits gazeux sont brûlés.........	Idem...............	3e.
Acide pyroligneux (Purification de l')......	Odeur...............	2e.
Acide stéarique (Fabrication de l') :		
1° Par distillation....................	Odeur et danger d'incendie............	1re.
2° Par saponification..................	Idem...............	2e.
Acide sulfurique (Fabrication de l') :		
1° Par combustion du soufre et des pyrites.......	Émanations nuisibles...	1re.
2° De Nordhausen par la décomposition du sulfate de fer.	Idem...............	3e.
Acide urique. (Voir *Murexide*.)		
Acier (Fabrication de l')................	Fumée............	3e.
Affinage de l'or et de l'argent par les acides..	Émanations nuisibles...	1re.
Affinage des métaux au fourneau. (Voir *Grillage des minerais*.)		
Albumine (Fabrication de l') au moyen du sérum frais du sang................	Odeur...............	3e.

DÉSIGNATION DES INDUSTRIES.	INCONVÉNIENTS.	CLASSES.
Alcali volatil. (Voir *Ammoniaque*.)		
Alcools autres que de vin, sans travail de rectification	Altération des eaux.	3°.
Alcools. (Distillerie agricole.).	Idem	3°.
Alcool (Rectification de l').	Danger d'incendie.	2°.
Agglomérés ou briquettes de houille (Fabrication des) :		
1° Au brai gras.	Odeur, danger d'incendie.	2°.
2° Au brai sec	Odeur	3°.
Aldéhyde (Fabrication de l').	Danger d'incendie.	1re.
Allumettes (Fabrication des) avec matières détonantes et fulminantes.	Danger d'explosion et d'incendie.	1re.
Alun. (Voir *Sulfate d'alumine*.)		
Amidonneries :		
1° Par fermentation.	Odeur, émanations nuisibles et altération des eaux.	1re.
2° Par séparation du gluten et sans fermentation. . .	Altération des eaux.	2°.
Ammoniaque (Fabrication en grand de l') par la décomposition des sels ammoniacaux. . .	Odeur	3°.
Amorces fulminantes (Fabrication des).	Danger d'explosion.	1re.
Appareils de réfrigération :		
1° A ammoniaque.	Odeur	3°.
2° A éther ou autres liquides volatils et combustibles.	Danger d'explosion et d'incendie.	3°.
Arcansons ou résines de pin. (Voir *Résines*, etc.)		
Argenture sur métaux. (Voir *Dorure et argenture*.)		
Arseniate de potasse (Fabrication de l') au moyen du salpêtre :		
1° Quand les vapeurs ne sont pas absorbées.	Émanations nuisibles. . .	1re.
2° Quand les vapeurs sont absorbées.	Émanations accidentelles.	2°.
Artifices (Fabrication des pièces d').	Danger d'incendie et d'explosion.	1re.
Asphaltes, bitumes, brais et matières bitumineuses solides (Dépôts d').	Odeur, danger d'incendie.	3°.
Asphaltes et bitumes (Travail des) à feu nu. .	Idem.	2°.
Ateliers de construction de machines et wagons. (Voir *Machines et Wagons*.)		

DÉSIGNATION DES INDUSTRIES.	INCONVÉNIENTS.	CLASSES.
Bâches imperméables (Fabrication des) :		
1° Avec cuisson des huiles....................	Danger d'incendie........	1re.
2° Sans cuisson des huiles....................	Idem...................	2e.
Baleine (Travail des fanons de). (Voir *Fanons de baleine.*)		
Baryte (Décoloration du sulfate de) au moyen de l'acide chlorhydrique à vases ouverts..	Émanations nuisibles ...	2e.
Battage, cardage et épuration des laines, crins et plumes de literie.................	Odeur et poussière......	3e.
Battage des cuirs (Marteaux pour le).......	Bruit et ébranlement....	3e.
Battage et lavage (Ateliers spéciaux pour les) des fils de laine, bourres et déchets de filature de laine et de soie dans les villes....	Bruit et poussière......	3e.
Battage des tapis en grand	Idem...................	2e.
Batteurs d'or et d'argent	Bruit..................	3e.
Battoir à écorces dans les villes...........	Bruit et poussière......	3e.
Benzine (Fabrication et dépôts de). (Voir *Huiles de pétrole, de schiste,* etc.).		
Bitumes et asphaltes (Fabrication et dépôts de). (Voir *Asphaltes, bitumes,* etc.)		
Blanc de plomb. (Voir *Céruse.*)		
Blanc de zinc (Fabrication de) par la combustion du métal....................	Fumées métalliques.....	3e.
Blanchiment :		
1° Des fils, des toiles et de la pâte à papier par le chlore....................	Odeur, émanations nuisibles...............	2e.
2° Des fils et tissus de lin, de chanvre et de coton, par les chlorures (hypochlorites) alcalins	Odeur, altération des eaux	3e.
3° Des fils et tissus de laine et de soie par l'acide sulfureux.....................	Émanations nuisibles ...	2e.
Bleu de Prusse (Fabrication de). (Voir *Cyanure de potassium.*)		
Boues et immondices (Dépôts de) et voiries..	Odeur.................	1re.
Bougies de paraffine et autres d'origine minérale (Moulage des).................	Odeur, danger d'incendie.	3e.
Bougies et autres objets en cire et en acide stéarique.....................	Danger d'incendie......	3e.

DÉSIGNATION DES INDUSTRIES.	INCONVÉNIENTS.	CLASSES.
Bouillon de bière (Distillation de). (Voir *Distilleries.*)		
Bourre. (Voir *Battage.*)		
Boutonniers et autres emboutisseurs de métaux par moyens mécaniques	Bruit	3e.
Boyauderies. (Travail des boyaux frais pour tous usages.)	Odeur, émanations nuisibles	1re.
Boyaux et pieds d'animaux abattus (Dépôts de). (Voir *Chairs et débris.*)		
Brasseries	Odeur	3e.
Briqueteries avec fours non fumivores	Fumée	3e.
Briquettes ou agglomérés de houille. (Voir *Agglomérés.*)		
Brûleries des galons et tissus d'or ou d'argent. (Voir *Galons.*)		
Buanderies	Altération des eaux	3e.
Café (Torréfaction en grand du).	Odeur et fumée	3e.
Caillettes et caillons pour la confection des fromages. (Voir *Chairs et débris*, etc.)		
Cailloux (Fours pour la calcination des)	Fumée	3e.
Calcination des cailloux. (Voir *Cailloux.*)		
Carbonisation du bois :		
1° A l'air libre dans des établissements permanents et autre part qu'en forêt	Odeur et fumée	2e.
2° En vases clos { avec dégagement dans l'air des produits gazeux de la distillation.	Idem	2e.
{ avec combustion des produits gazeux de la distillation	Idem	3e.
Carbonisation des matières animales en général.	Odeur	1re.
Caoutchouc (Travail du) avec emploi d'huiles essentielles ou de sulfure de carbone	Odeur, danger d'incendie.	2e.
Caoutchouc (Application des enduits du) . . .	Danger d'incendie	2e.
Cartonniers	Odeur	3e.
Cendres d'orfèvre (Traitement des) par le plomb	Fumées métalliques	3e.

DÉSIGNATION DES INDUSTRIES	INCONVÉNIENTS.	CLASSES.
Cendres gravelées :		
1° Avec dégagement de la fumée au dehors.......	Fumée et odeur........	1re.
2° Avec combustion ou condensation des fumées...	Idem.................	2e.
Céruse ou blanc de plomb (Fabrication de la).	Émanations nuisibles ...	3e.
Chairs, débris et issues (Dépôts de) provenant de l'abatage des animaux............	Odeur	1re.
Chamoiseries.................	Idem..............	2e.
Chandelles (Fabrication des)...........	Odeur, danger d'incendie.	3e.
Chantiers de bois à brûler dans les villes....	Émanations nuisibles, danger d'incendie....	3e.
Chanvre (Teillage et rouissage du) en grand. (Voir aux mots Teillage et Rouissage.)		
Chanvre imperméable. (Voir Feutre goudronné.)		
Chapeaux de feutre (Fabrication de)......	Odeur et poussière.....	3e.
Chapeaux de soie ou autres préparés au moyen d'un vernis (Fabrication de)...........	Danger d'incendie.....	2e.
Charbons agglomérés. (Voir Agglomérés.)		
Charbon animal (Fabrication ou révivification du).(Voir Carbonisation des matières animales.)		
Charbon de bois dans les villes (Dépôts ou magasins de).....................	Idem................	3e.
Charbons de terre. (Voir Houille et Coke.)		
Chaudronnerie. (Voir Forges de grosses œuvres.)		
Chaux (Fours à) :		
1° Permanents......................	Fumée, poussière......	2e.
2° Ne travaillant pas plus d'un mois par an......	Idem.............	3e.
Chiens (Infirmeries de).............	Odeur et bruit........	1re.
Chiffons (Dépôts de).............	Odeur	3e.
Chlore (Fabrication du).............	Idem.............	2e.
Chlorure de chaux (Fabrication du) :		
1° En grand	Idem.............	2e.
2° Dans des ateliers fabricant au plus 300 kilogrammes par jour................	Idem.............	3e.
Chlorures alcalins, eau de Javelle (Fabrication des)...................	Idem.............	2e.
Chromate de potasse (Fabrication du)......	Idem.............	3e.

DÉSIGNATION DES INDUSTRIES.	INCONVÉNIENTS.	CLASSES.
Chrysalides (Ateliers pour l'extraction des parties soyeuses des).....................	Odeur...............	1re.
Cire à cacheter (Fabrication de la)........	Danger d'incendie......	3e.
Cochenille ammoniacale (Fabrication de la).	Odeur...............	3e.
Cocons : 1° Traitement des frisons de cocons............ 2° Filature de cocons. (Voir Filature.)	Altération des eaux.....	2e.
Coke (Fabrication du) : 1° En plein air ou en fours non fumivores....... 2° En fours fumivores......................	Fumée et poussière..... Poussière.............	1re. 2e.
Colle forte (Fabrication de la)............	Odeur, altération des eaux.................	1re.
Combustion des plantes marines dans les établissements permanents...............	Odeur et fumée........	1re.
Construction (Ateliers de). (Voir Machines et wagons.)		
Cordes à instruments en boyau (Fabrication de). (Voir Boyauderies.)		
Corroiries......................	Odeur..............	2e.
Coton et coton gras (Blanchisserie des déchets de)......................	Altération des eaux.....	3e.
Cretons (Fabrication de)...............	Odeur et danger d'incendie.............	1re.
Crins (Teinture des). (Voir Teintureries.)		
Crins et soies de porc (Préparation des) sans fermentation. (Voir aussi Soies de porc par fermentation.)....................	Odeur et poussière.....	2e.
Cristaux (Fabrication de.) (Voir Verreries, etc.)		
Cuirs vernis (Fabrication de)............	Odeur et danger d'incendie.............	1re.
Cuirs verts et peaux fraîches (Dépôts de)...	Odeur.......... ..	2e.
Cuivre (Dérochage du) par les acides......	Odeur, émanations nuisibles.............	3e.
Cuivre (Fonte du). (Voir Fonderies, etc.)		
Cyanure de potassium et bleu de Prusse (Fabrication de) : 1° Par la calcination directe des matières animales avec la potasse...................... 2° Par l'emploi de matières préalablement carbonisées en vases clos....................	Odeur............... Idem........	1re. 2e.

DÉSIGNATION DES INDUSTRIES.	INCONVÉNIENTS.	CLASSES.
Cyanure rouge de potassium ou prussiate rouge de potasse.................	Émanations nuisibles...	3°.
Débris d'animaux (Dépôts de). (Voir *Chairs*, etc.)		
Déchets de matières filamenteuses (Dépôts de) en grand dans les villes.............	Danger d'incendie......	3°.
Dégras ou huile épaisse à l'usage des chamoiseurs et corroyeurs (Fabrication de).....	Odeur, danger d'incendie.	1re.
Dégraissage des tissus et déchets de laine par les huiles de pétrole et autres hydrocarbures........................	Danger d'incendie......	1re.
Dérochage du cuivre. (Voir *Cuivre*.)		
Distilleries en général, eau-de-vie, genièvre, kirsch, absinthe et autres liqueurs alcooliques.......................	Idem..............	3°.
Dorure et argenture sur métaux..........	Émanations nuisibles ...	3°.
Eau de Javelle (Fabrication d'). (Voir *Chlorures alcalins*.)		
Eau-de-vie. (Voir *Distilleries*.)		
Eau-forte. (Voir *Acide nitrique*.)		
Eaux grasses (Extraction pour la fabrication du savon et autres usages, des huiles contenues dans les) :		
1° En vases ouverts....................	Odeur, danger d'incendie.	1re.
2° En vases clos.....................	Idem..............	2°.
Eaux savonneuses des fabriques. (Voir *Huiles extraites des débris d'animaux*.)		
Échaudoirs :		
1° Pour la préparation industrielle des débris d'animaux...........................	Odeur.............	1re.
2° Pour la préparation des parties d'animaux propres à l'alimentation....................	Idem.............	3°.
Émail (Application de l') sur les métaux....	Fumée.............	3°.
Émaux (Fabrication d') avec fours non fumivores...........................	Idem.............	3°.
Encre d'imprimerie (Fabrique d').........	Odeur, danger d'incendie.	1re.
Engrais (Fabrication des) au moyen des matières animales....................	Odeur.............	1re.

DÉSIGNATION DES INDUSTRIES.	INCONVÉNIENTS.	CLASSES.
Engrais (Dépôts d') au moyen des matières provenant de vidanges ou de débris d'animaux :		
1° Non préparés ou en magasin non couvert......	Odeur...............	1re.
2° Desséchés ou désinfectés et en magasin couvert, quand la quantité excède 15,000 kilogrammes..	Idem................	2e.
3° Les mêmes, quand la quantité est inférieure à 15,000 kilogrammes...................	Idem...............	3e.
Engraissement des volailles dans les villes (Établissements pour l')...............	Idem............	3e.
Éponges (Lavage et séchage des)..........	Odeur et altération des eaux...............	3e.
Équarrissage des animaux................	Odeur, émanations nuisibles...............	1re.
Étamage des glaces.....................	Émanations nuisibles...	3e.
Éther (Fabrication et dépôts d')...........	Danger d'incendie et d'explosion............	1re.
Étoupilles (Fabrication d') avec matières explosibles..........................	Idem.................	1re.
Faïence (Fabrique de) :		
1° Avec fours non fumivores................	Fumée.............	2e.
2° Avec fours fumivores...................	Fumée accidentelle.....	3e.
Fanons de baleine (Travail des)..........	Émanations incommodes.	3e.
Farines (Moulins à). (Voir Moulins.)		
Féculeries...........................	Odeur, altération des eaux.	3e.
Fer-blanc (Fabrication du)...............	Fumée.............	3e.
Feutres et visières vernis (Fabrication de) ..	Odeur, danger d'incendie.	1er.
Feutre goudronné (Fabrication du).......	Idem...............	2e.
Filature des cocons (Ateliers dans lesquels la) s'opère en grand, c'est-à-dire employant au moins six tours....................	Odeur, altération des eaux.	3e.
Fonderie de cuivre, laiton et bronze.......	Fumées métalliques....	3e.
Fonderies en 2e fusion	Fumée.............	3e.
Fonte et laminage du plomb, du zinc et du cuivre............................	Bruit, fumée.........	3e.
Forges et chaudronneries de grosses œuvres employant des marteaux mécaniques......	Fumée, bruit.........	2e.
Formes en tôle pour raffinerie. (Voir Tôles vernies.)		

DÉSIGNATION DES INDUSTRIES.	INCONVÉNIENTS.	CLASSES.
Fourneaux à charbon de bois. (Voir *Carbonisation du bois*.)		
Fourneaux (Hauts)..................	Fumée et poussière.....	2°.
Fours pour la calcination des cailloux. (Voir *Cailloux*.)		
Fours à plâtre et fours à chaux. (Voir *Plâtre*, *Chaux*.)		
Fromages (Dépôts de) dans les villes......	Odeur...............	3°.
Fulminate de mercure (Fabrication du)....	Danger d'explosion et d'incendie.........	1re.
Galipots ou résines de pin. (Voir *Résines*.)		
Galons et tissus d'or et d'argent (Brûleries en grand des) dans les villes............	Odeur...............	2°.
Gaz, goudrons des usines. (Voir *Goudrons*.)..		
Gaz d'éclairage et de chauffage (Fabrication du) :		
1° Pour l'usage public...................	Odeur, danger d'incendie.	2°.
2° Pour l'usage particulier................	Idem...............	3°.
Gazomètres pour l'usage particulier, non attenants aux usines de fabrication........	Idem...............	3°.
Gélatine alimentaire et gélatines provenant de peaux blanches et de peaux fraîches non tannées (Fabrication de la)...........	Odeur...............	3°.
Générateurs à vapeur. (Régime spécial.)		
Genièvre. (Voir *Distilleries*.)		
Glaces (Étamage des). (Voir *Étamage*.)		
Glace. (Voir *Appareils de réfrigération*.)		
Goudrons (Usines spéciales pour l'élaboration des) d'origines diverses............	Odeur, danger d'incendie.	1re.
Goudrons (Traitement des) dans les usines à gaz où ils se produisent............	Idem...............	2°.
Goudrons et matières bitumineuses fluides (Dépôts de).....................	Idem...............	2°.
Goudrons et brais végétaux d'origines diverses (Élaboration des).................	Idem...............	1re.
Graisses à feu nu (Fonte des)...........	Idem...............	1re.

DÉSIGNATION DES INDUSTRIES.	INCONVÉNIENTS.	CLASSES.
Graisses pour voitures (Fabrication des)....	Odeur, danger d'incendie.	1re.
Grillage des minerais sulfureux............	Fumée, émanations nuisibles.............	1re.
Guano (Dépôts de) :		
1° Quand l'approvisionnement excède 25,000 kilog.	Odeur...............	1re.
2° Pour la vente au détail.................	Idem	3e.
Harengs (Saurage des).................	Idem.................	3e.
Hongroieries....................	Idem................	3e.
Houille (Agglomérés de). (Voir *Agglomérés*.)		
Huiles de Bergues (Fabrique d'). (Voir *Dégras*.)		
Huiles de pétrole, de schiste et de goudron, essences et autres hydrocarbures employés pour l'éclairage, le chauffage, la fabrication des couleurs et vernis, le dégraissage des étoffes et autres usages :		
1° Fabrication, distillation et trai en grand....	Odeur et danger d'incendie.............	1re.
2° Dépôts.		
a Substances très-inflammables, c'est-à-dire émettant des vapeurs susceptibles de prendre feu (1) à une température de moins de 35 degrés :		
1° Si la quantité emmagasinée est, même temporairement, de 1,050 litres (2) ou plus..........	Idem...............	1re.
2° Si la quantité, supérieure à 150 litres, n'atteint pas 1,050 litres.................	Idem...............	2e.
b Substances moins inflammables, c'est-à-dire n'émettant de vapeurs susceptibles de prendre feu (1) qu'à une température de 35 degrés et au-dessus :		
1° Si la quantité emmagasinée est, même temporairement, de 10,500 litres ou plus.........	Idem...............	1re.
2° Si la quantité emmagasinée, supérieure à 1,050 litres, n'atteint pas 10,500 litres......	Idem...............	2e.
Huile de pieds de bœuf (Fabrication d') :		
1° Avec emploi de matières en putréfaction.....	Odeur...............	1re.
2° Quand les matières employées ne sont pas putréfiées..............................	Idem...............	2e.
Huiles de poisson (Fabrique d')	Odeur, danger d'incendie.	1re.
Huile épaisse ou dégras. (Voir *Dégras*.)		
Huiles de résine (Fabrication des)........	Idem...............	1re.
Huileries ou moulins à huile............	Idem...............	3e.

(1) Au contact d'une allumette enflammée.

(2) Le fût généralement adopté par le commerce pour les pétroles est de 150 litres (1,050 litres se présentent donc sept desdits fûts.

DÉSIGNATION DES INDUSTRIES.	INCONVÉNIENTS.	CLASSES.
Huiles (Épuration des)	Odeur, danger d'incendie.	3°.
Huiles essentielles ou essences de térében-thine, d'aspic et autres. (Voir *Huiles de pé-trole, de schiste*, etc.)		
Huiles et autres corps gras extraits des débris de matières animales (Extraction des). . . .	Idem	1re.
Huiles extraites des schistes bitumineux. (Voir *Huiles de pétrole, de schiste*, etc.)		
Huiles (Mélange à chaud ou cuisson des) :		
1° En vases ouverts.	Idem . .	1re.
2° En vases clos.	Idem . .	2°.
Huiles rousses (Fabrication des) par extraction des cretons et débris de graisse à haute tem-pérature	Idem	1re.
Impressions sur étoffes. (Voir *Toiles peintes*.)		
Jute (Teillage du). (Voir *Teillage*.)		
Kirsch. (Voir *Distilleries*.)		
Laine. (Voir *Battage*.)		
Laiteries en grand dans les villes.	Odeur	2°.
Lard (Atelier à enfumer le)	Odeur et fumée	3°.
Lavage des cocons. (Voir *Cocons*.)		
Lavage et séchage des éponges. (Voir *Éponges*.)		
Lavoirs à houille.	Altération des eaux	3°.
Lavoirs à laine	Idem	3°
Lignites (Incinération des).	Fumée, émanations nui-sibles	1re.
Lin (Teillage en grand du). (Voir *Teillage*.)		
Lin (Rouissage du). (Voir *Rouissage*.)		
Liquides pour l'éclairage (Dépôts de) au moyen de l'alcool et des huiles essentielles.	Danger d'incendie et d'ex-plosion.	2°.
Liqueurs alcooliques. (Voir *Distilleries*.)		
Litharge (Fabrication de).	Poussière nuisible.	3°.
Machines et wagons (Ateliers de construction de)	Bruit, fumée	2°.
Machines à vapeur. (Voir *Générateurs*.)		

DÉSIGNATION DES INDUSTRIES.	INCONVÉNIENTS.	CLASSES.
Maroquineries................	Odeur................	3°.
Massicot (Fabrication du)...............	Émanations nuisibles...	3°.
Mégisseries...................	Odeur................	3°.
Mélanges d'huiles. (Voir *Huiles, mélanges,* etc.)		
Ménageries.................	Danger des animaux....	1°°.
Métaux (Ateliers de) pour construction de machines et appareils. (Voir *Machines.*)		
Minium (Fabrication du).............	Émanations nuisibles...	3°.
Morues (Sécheries des)................	Odeur..............	2°.
Moulins à broyer le plâtre, la chaux, les cailloux et les pouzzolanes.............	Poussière...........	3°.
Moulins à huile. (Voir *Huileries.*)		
Muréxide (Fabrication de la) en vase clos par la réaction de l'acide azotique et de l'acide urique du guano................	Émanations nuisibles...	2°.
Nitrate de fer (Fabrication du) :		
1° Lorsque les vapeurs nuisibles ne sont pas absorbées ou décomposées................	Idem...............	1°°.
2° Dans le cas contraire................	Idem...............	3°.
Nitro-benzine, aniline et matières dérivant de la benzine (Fabrication de la)..........	Odeur, émanations nuisibles et danger d'incendie	2°.
Noir des raffineries et des sucreries (Révivification du)................	Émanations nuisibles, odeur....	2°.
Noir de fumée (Fabrication du) par la distillation de la houille, des goudrons, bitumes, etc................	Fumée, odeur........	2°.
Noir d'ivoire et noir animal (Distillation des os ou fabrication du) :		
1° Lorsqu'on n'y brûle pas les gaz..........	Odeur.............	1°°.
2° Lorsque les gaz sont brûlés.............	Idem.............	2°.
Noir minéral (Fabrication du) par le broyage des résidus de la distillation des schistes bitumineux................	Odeur et poussière......	3°.
Oignons (Dessiccation des) dans les villes...	Odeur..............	2°.
Olives (Confiserie des)...............	Altération des eaux.....	3°.
Olives (Tourteaux d') (Voir *Tourteaux.*)		

DÉSIGNATION DES INDUSTRIES.	INCONVÉNIENTS.	CLASSÉS.
Orseille (Fabrication de l') :		
1° En vases ouverts..........................	Odeur................	1re.
2° A vases clos, et employant de l'ammoniaque à l'exclusion de l'urine......................	Idem................	3e.
Os (Torréfaction des) pour engrais :		
1° Lorsque les gaz ne sont pas brûlés...........	Odeur et danger d'incendie............	1re.
2° Lorsque les gaz sont brûlés.................	Idem	2e.
Os d'animaux (Calcination des). (Voir *Carbonisation des matières animales.*)		
Os frais (Dépôts d') en grand............	Odeur, émanations nuisibles,............	1re.
Ouates (Fabrication des).................	Poussière et danger d'incendie............	3e.
Papiers (Fabrication de).................	Danger d'incendie......	3e.
Pâte à papier (Préparation de la) au moyen de la paille et autres matières combustibles.	Altération des eaux.....	3e.
Parchemineries........................	Odeur...............	2e.
Peaux de lièvre et de lapin. (Voir *Secrétage.*)		
Peaux de mouton (Séchage des)...........	Odeur et poussière	3e.
Peaux fraîches. (Voie *Cuirs verts.*)		
Perchlorure de fer par dissolution du peroxyde de fer (Fabrication de)................	Émanations nuisibles ...	3e.
Pétrole. (Voir *Huiles de pétrole*)		
Phosphore (Fabrication de)..............	Danger d'incendie......	1re.
Pilories mécaniques des drogues..........	Bruit et poussière......	3e.
Pipes à fumer (Fabrication des) :		
1° Avec fours non fumivores....................	Fumée..............	3e.
2° Avec fours fumivores......................	Fumée accidentelle.....	2e.
Plantes marines. (Voir *Combustion des plantes marines.*)		
Plâtres (Fours à) :		
1° Permanents............................	Fumée et poussière.....	2e.
2° Ne travaillant pas plus d'un mois,...........	Idem	3e.
Plomb (Fonte et laminage du). (Voir *Fonte*, etc.)		
Poêliers fournalistes, poêles et fourneaux en faïence et terre cuite. (Voir *Faïence.*)		
Poils de lièvre et de lapin. (Voir *Secrétage.*)		
Poissons salés (Dépôts de)..............	Odeur incommode......	2e.

DÉSIGNATION DES INDUSTRIES.	INCONVÉNIENTS.	CLASSES.
Porcelaine (Fabrication de) :		
1º Avec fours non fumivores.....................	Fumée...............	2º.
2º Avec fours fumivores	Fumée accidentelle.....	3º.
Porcheries............................	Odeur, bruit..........	1ʳᵉ.
Potasse (Fabrication de) par calcination des résidus de mélasse..................	Fumée et odeur........	2º.
Potasse. (Voir *Chromate de potasse*.)		
Poteries de terre (Fabrication de) avec fours non fumivores.........................	Fumée...............	3º.
Poudres et matières fulminantes (Fabrication de). (Voir aussi *Fulminate de mercure*.)....	Danger d'explosion et d'incendie..........	1ʳᵉ.
Poudrette (Fabrication de) et autres engrais au moyen de matières animales........	Odeur et altération des eaux...............	1ʳᵉ.
Poudrette (Dépôts de). (Voir *Engrais*.)		
Pouzzolane artificielle (Fours à).........	Fumée...............	3º.
Protochlorure d'étain ou sel d'étain (Fabrication du).............................	Émanations nuisibles...	2º.
Prussiate de potasse. (Voir *Cyanure de potassium*.)		
Pulpes de pommes de terre. (Voir *Féculeries*.)		
Raffineries et fabriques de sucre..........	Fumée, odeur.........	2º.
Résines, galipots et arcansons (Travail en grand pour la fonte et l'épuration des)....	Odeur, danger d'incendie.	1ʳᵉ.
Rogues (Dépôts de salaisons liquides connues sous le nom de)......................	Odeur...............	2ᵉ.
Rouge de Prusse et d'Angleterre..........	Émanations nuisibles...	1ʳᵉ.
Rouissage en grand du chanvre et du lin....	Émanations nuisibles et altération des eaux ...	1ʳᵉ.
Rouissage en grand du chanvre et du lin par l'action des acides, de l'eau chaude et de la vapeur................................	Idem................	2º.
Sabots (Ateliers à enfumer les) par la combustion de la corne ou d'autres matières animales dans les villes.	Odeur et fumée........	1ʳᵉ.
Salaison et préparation des viandes........	Odeur...............	3º.
Salaisons (Ateliers pour les) et le saurage des poissons.............................	Idem................	2º.

DÉSIGNATION DES INDUSTRIES.	INCONVÉNIENTS.	CLASSES.
Salaisons (Dépôts de) dans les villes........	Odeur..............	3°.
Sang :		
1° Ateliers pour la séparation de la fibrine, de l'albumine, etc...............................	Idem.................	1re.
2° (Dépôt de) pour la fabrication du bleu de Prusse et autres industries.......................	Idem.................	1re.
3° (Fabrique de poudre de) pour la clarification des vins....................................	Idem.................	1re.
Sardines (Fabriques de conserves de) dans les villes......................................	Idem................	2e.
Saucissons (Fabrication en grand de)......	Idem............	2e.
Saurage des harengs (Voir *Harengs*.)		
Savonneries......................	Idem............	3e.
Schistes bitumineux. (Voir *Huiles de pétrole, de schiste*, etc.)		
Séchage des éponges. (Voir *Éponges*.)		
Sécherie des morues. (Voir *Morues*.)		
Secrétage des peaux ou poils de lièvre et lapin.	Idem..................	2e.
Sel ammoniac et sulfate d'ammoniaque (Fabrication du) par l'emploi des matières animales	Odeur, émanations nuisibles................	2e.
Sel ammoniac extrait des eaux d'épuration du gaz (Fabrique spéciale de)...............	Odeur...............	2e.
Sel de soude (Fabrication du) avec le sulfate de soude.................................	Fumée, émanations nuisibles................	3e.
Sel d'étain. (Voir *Protochlorure d'étain*.)		
Sirops de fécule et glucose (Fabrication des).	Odeur..............	3e.
Soie. (Voir *Chapeaux*.)		
Soie. (Voir *Filature*.)		
Soies de porc (Préparation des) :		
1° Par fermentation..........................	Idem................	1re.
2° Sans fermentation. (Voir *Crins et soies de porc*.)		
Soude (Voir *Sulfate de soude*.)		
Soudes brutes de varech (Fabrication des) dans les établissements permanents.............	Odeur et fumée........	1re.
Soufre (Fusion ou distillation du).........	Émanations nuisibles, danger d'incendie....	2e.

DÉSIGNATION DES INDUSTRIES.	INCONVÉNIENTS.	CLASSES.
Soufre (Pulvérisation et blutage du).......	Poussière, danger d'incendie.........	3e.
Sucre. (Voir *Raffineries et fabriques de sucre.*)		
Suif brun (Fabrication du).............	Odeur, danger d'incendie.	1re.
Suif en branches (Fonderies de) :		
1º Au feu nu...........................	Idem.................	1re.
2º Au bain-marie ou à la vapeur..........	Odeur	2e.
Suif d'os (Fabrication du).............	Odeur, altération des eaux, danger d'incendie	1re.
Sulfate d'ammoniaque (Fabrication du) par le moyen de la distillation des matières animales................	Odeur...............	1re.
Sulfate de baryte. (Voir *Baryte.*)		
Sulfate de cuivre (Fabrication du) au moyen du grillage des pyrites..............	Émanations nuisibles et fumée...........	1re.
Sulfate de mercure (Fabrication du) :		
1º Quand les vapeurs ne sont pas absorbées.......	Émanations nuisibles...	1re.
2º Quand les vapeurs sont absorbées.............	Émanations moludres...	2e.
Sulfate de peroxyde de fer (Fabrication du) par le sulfate de protoxyde de fer et l'acide nitrique (nitro-sulfate de fer).........	Émanations nuisibles...	2e.
Sulfate de protoxyde de fer ou couperose verte, par l'action de l'acide sulfurique sur la ferraille (Fabrication en grand du)....	Fumée, émanations nuisibles............	3e.
Sulfate de soude (Fabrication du) :		
1º Par la décomposition du sel marin par l'acide sulfurique, sans condensation de l'acide chlorhydrique.............	Émanations nuisibles...	1re.
2º Avec condensation complète de l'acide chlorhydrique................	Idem.................	2e.
Sulfate de fer, d'alumine et alun (Fabrication par le lavage des terres pyriteuses et alumineuses grillées du)...........	Fumée et altération des eaux.............	3e.
Sulfure de carbone (Fabrication du).......	Odeur, danger d'incendie.	1re.
Sulfure de carbone (Manufactures dans lesquelles on emploie en grand le)........	Danger d'incendie.....	1re.
Sulfure de carbone (Dépôts de). (Suivent le régime des huiles de pétrole.)		
Sulfures métalliques. (Voir *Grillage des minerais sulfureux.*)		

DÉSIGNATION DES INDUSTRIES.	INCONVÉNIENTS.	CLASSES.
Tabacs (Manufacture de)	Odeur et poussière......	2°.
Tabac (Incinération des côtes de).........	Odeur et fumée........	1er.
Tabatières en carton (Fabrication des).....	Odeur et danger d'incendie............	3°.
Taffetas et toiles vernis ou cirés. (Fabrication de)	Idem................	1er.
Tan (Moulins à)	Bruit et poussière......	3°.
Tanneries...................	Odeur.............	2°.
Teinturiers	Odeur et altération des eaux............	3°.
Teintureries de peaux...............	Odeur	3°.
Terres émaillées (Fabrication de) :		
1° Avec fours non fumivores...............	Fumée.............	2°.
2° Avec fours fumivores	Fumée accidentelle....	3°.
Terres pyriteuses et alumineuses (Grillage des).	Fumée, émanations nuisibles............	1er.
Teillage du lin, du chanvre et du jute en grand.	Poussière et bruit	2°.
Térébenthine (Distillation et travail en grand de la). (Voir *Huiles de pétrole, de schiste*, etc.)		
Tissus d'or et d'argent (Brûleries en grand des). (Voir *Galons.*)		
Toiles cirées. (Voir *Taffetas et toiles vernies.*)		
Toiles (Blanchiment des). (Voir *Blanchiment.*)		
Toiles grasses pour emballage, tissus, cordes goudronnées, papiers goudronnés, cartons et tuyaux bitumés (Fabrique de) :		
1° Travail à chaud	Odeur, danger d'incendie.	2°.
2° Travail à froid	Idem................	3°.
Toiles peintes (Fabrique de)	Odeur..............	3°.
Toiles vernies (Fabrique de). Voir *Taffetas et toiles vernies.*)		
Tôles et métaux vernis	Odeur et danger d'incendie............	3°.
Tonnellerie en grand opérant sur des fûts imprégnés de matières grasses et putrescibles.	Bruit, odeur et fumée....	2°.
Torches résineuses (Fabrication de)........	Odeur et danger du feu..	2°.
Tourbe (Carbonisation de la) :		
1° À vases ouverts................	Odeur et fumée.......	1er.
2° En vases clos................	Odeur.............	2°.

DÉSIGNATION DES INDUSTRIES.	INCONVÉNIENTS.	CLASSES.
Tourteaux d'olives (Traitement des) par le sulfure de carbone...............	Danger d'incendie......	1re.
Tréfileries.................	Bruit et fumée........	3e.
Triperies annexes des abattoirs..........	Odeur et altération des eaux..............	1re.
Tueries d'animaux. (Voir aussi *Abattoirs publics*.)...................	Danger des animaux et odeur,............	2e.
Tuileries avec fours non fumivores.........	Fumée.............	3e.
Urate (Fabrique d'). (Voir *Engrais préparés*.)		
Vacheries dans les villes de plus de 5,000 habitants.............	Odeur et écoulement des urines...........	3e.
Varech. (Voir *Soude de varech*.)		
Vernis gras (Fabrique de)............	Odeur et danger d'incendie............	1re.
Vernis à l'esprit-de-vin (Fabrique de).....	*Idem*...............	2e.
Vernis (Ateliers où l'on applique le) sur les cuirs, feutres, taffetas, toiles, chapeaux. (Voir ces mots.)		
Verreries, cristalleries et manufactures de glaces :		
1° Avec fours non fumivores................	Fumée et danger d'incendie...........	2e.
2° Avec fours fumivores................ ...	Danger d'incendie......	3e.
Viandes (Salaisons des). (Voir *Salaisons*.)		
Visières et feutres vernis (Fabrique de). (Voir *Feutres et visières*.)		
Voiries. (Voir *Boues et immondices*.)		
Wagons et machines (Construction de). (Voir *Machines*, etc.)		

MINISTÈRE
DE
L'AGRICULTURE
ET
DU COMMERCE.

CIRCULAIRE

transmissive du décret du 31 janvier 1872.

Versailles, le 20 février 1872.

Monsieur le Préfet, un décret du 31 décembre 1866 a réglé la nomenclature des établissements insalubres, dangereux ou incommodes, soumis au régime du décret du 15 octobre 1810.

Un certain nombre d'industries, non comprises dans cette nomenclature, ont paru de nature à être soumises aux prescriptions du décret de 1810, soit à raison des matières traitées, soit des procédés de fabrication, ou même des circonstances dans lesquelles cette fabrication doit s'opérer.

Le Comité consultatif des arts et manufactures a dressé un tableau de classement supplémentaire. Ce travail a été renvoyé à l'examen de la Commission provisoire chargée de remplacer le Conseil d'État. Le projet adopté par cette commission vient d'être approuvé par décret en date du 31 janvier dernier.

J'ai l'honneur de vous envoyer ci-joint des exemplaires de ce décret et du tableau qui y est annexé. Je n'ai aucune observation à ajouter au texte même du décret et du tableau. Ce tableau est rédigé avec clarté et précision et ne donne lieu, je le suppose, à aucune difficulté d'interprétation. Je vous prie de m'accuser réception de cet envoi.

Recevez, Monsieur le Préfet, l'assurance de ma considération la plus distinguée.

Le Ministre de l'agriculture et du commerce,
Signé E. DE GOULARD.

DÉCRET

relatif aux établissements dangereux, incommodes et insalubres.

LE PRÉSIDENT DE LA RÉPUBLIQUE,

Sur le rapport du Ministre de l'agriculture et du commerce,

Vu le décret du 15 octobre 1810, l'ordonnance du 14 janvier 1815 et le décret du 25 mars 1852 sur la décentralisation administrative;

Vu le décret du 31 décembre 1866;

Vu les avis du Comité consultatif des arts et manufactures;

La Commission provisoire chargée de remplacer le Conseil d'État entendue,

DÉCRÈTE:

ARTICLE PREMIER.

Les établissements compris dans le tableau annexé au présent décret ne pourront être créés qu'après accomplissement des formalités prescrites pour les ateliers insalubres, dangereux ou incommodes.

ART. 2.

Le Ministre de l'agriculture et du commerce est chargé de l'exécution du présent décret, qui sera inséré au *Bulletin des lois.*

Fait à Versailles, le 31 janvier 1872.

Signé A. THIERS.

Par le Président :

Le Ministre de l'agriculture et du commerce,

Signé Victor LEFRANC.

Premier tableau supplémentaire des établissements insalubres, dangereux ou incommodes.

(Addition à la nomenclature annexée au décret du 31 décembre 1866.)

DÉSIGNATION DES INDUSTRIES.	INCONVÉNIENTS.	CLASSES.
Amorces fulminantes pour pistolets d'enfants (Fabrication d')...................	Danger d'explosion......	2°.
Bocards à minerais ou à crasse............	Bruit..............	3°.
Ciment (Fours à) :		
1° Permanents.....................	Fumée, poussière......	2°,
2° Ne travaillant pas plus d'un mois par an......	Idem...............	3°.
Déchets des filatures de lin, de chanvre et de jute (Lavage et séchage en grand des)....	Odeur, altération des eaux.	2°.
Éther (Dépôts d') :		
1° Si la quantité emmagasinée est, même temporairement, de 1,000 litres ou plus..........	Danger d'incendie et d'explosion...............	1°,
2° Si la quantité, supérieure à 100 litres, n'atteint pas 1,000 litres..................	Idem...............	2°.
Graisses de cuisine (Traitement des).......	Odeur.............	1°.
Graisses et suifs (Refonte des)............	Idem..............	3°.
Huiles de ressence (Fabrication des).......	Odeur, altération des eaux	2°.
Huiles lourdes créosotées (Injection des bois à l'aide des) :		
Ateliers opérant en grand et d'une manière permanente	Odeur, danger d'incendie.	2°.
Lavoirs à minerais en communication avec des cours d'eau....................	Altération des eaux.....	3°.
Os secs en grand (Dépôts d')............	Odeur...............	3°.
Peaux (Pelanage et séchage des).........	Idem...............	2°.
Superphosphate de chaux et de potasse (Fabrication du).............	Émanations nuisibles...	2°.

MINISTÈRE
DE
L'AGRICULTURE,
DU COMMERCE
ET DES
TRAVAUX PUBLICS.

CIRCULAIRE

commentant le décret sur les usines à gaz.

Paris, le 28 février 1867.

MONSIEUR LE PRÉFET, *la nomenclature des établissements réputés insalubres, dangereux ou incommodes, annexée au décret impérial du 31 décembre 1866, a rangé dans la 2ᵉ classe la fabrication du gaz d'éclairage et de chauffage pour l'usage public, et dans la 3ᵉ classe la même fabrication pour l'usage particulier, ainsi que les gazomètres pour l'usage particulier non attenants aux usines de fabrication.*

Ce classement est à peu près le maintien de celui qui existait antérieurement; mais ce qui concerne le gaz est soumis, en outre, à des conditions spéciales prescrites par l'ordonnance royale du 27 janvier 1846, et il a paru convenable de reviser ce régime en tenant compte des progrès réalisés.

Tel est l'objet du décret impérial du 9 février 1867, rendu après examen du Comité consultatif des arts et manufactures et sur l'avis du Conseil d'État, décret dont vous trouverez le texte à la suite de la présente circulaire et dont je dois vous faire connaître l'esprit et la portée.

Il convient de remarquer d'abord que l'ordonnance de 1846 s'appliquait indistinctement à la fabrication du gaz pour les usages publics et pour les usages privés; tandis que le nouveau décret, qui le remplace en l'abrogeant, n'a plus jugé nécessaire de réglementerd'une manière spéciale que les usines fabriquant pour l'usage public; les appareils destinés aux besoins privés ne devant plus, dès lors, être soumis qu'aux conditions particulières de l'acte administratif qui en aura autorisé l'établissement.

En second lieu, vous reconnaîtrez, Monsieur le Préfet, qu'on s'est attaché à retrancher de la réglementation spéciale tout ce qui pouvait être une gêne trop grande pour le développement d'une industrie dont la nécessité est chaque jour plus démontrée.

Déjà l'Administration, désireuse de hâter le développement de cette industrie en lui laissant toutes les facilités compatibles avec la sécurité publique, avait accueilli favorablement les réclamations qui lui avaient été adressées au sujet de la prohibition contenue dans l'article 6 de l'ordonnance de 1846, lequel interdisait l'emploi de toute substance animale pour la fabrication du gaz, et un décret, en date du 17 mai 1865, a rapporté cette prohibition.

Le règlement nouveau, s'inspirant du même esprit, supprime tout ce qui, dans l'ordonnance de 1846 (art. 17 et 24) était relatif à la construction, à l'emploi du gazomètre et aux épreuves que devaient subir les récipients portatifs pour le gaz. Il a été reconnu, en effet, que les dispositions dont il s'agit n'avaient plus aujourd'hui leur raison d'être, et n'étaient plus en harmonie avec les progrès accomplis dans cette industrie depuis vingt ans.

Le nouveau règlement dispense, en outre, les usiniers de l'obligation que leur imposait l'article 14 de l'ordonnance, d'être pourvus de deux ou plusieurs gazomètres, selon l'importance de leur fabrication; il supprime également l'obligation qui leur

7.

était imposée de surmonter de tuyaux et cheminées toutes les ouvertures des ateliers; enfin, il réserve à chaque fabricant, moyennant certaines conditions, la possibilité de traiter, dans son usine même, les eaux de condensation pour en extraire les sels ammoniacaux qu'elles peuvent contenir.

Ces simples indications suffisent pour faire ressortir les avantages que, dans son ensemble, la nouvelle réglementation présente aux industriels. J'y ajouterai seulement quelques explications sur les principales dispositions du décret.

Aux termes de l'article 2 : 1° les usines à gaz devront être entourées d'un mur ou d'une clôture solide en bois, de 3 mètres de hauteur au moins; 2° les ateliers de fabrication, ainsi que les gazomètres, devront être séparés des habitations voisines par une distance d'au moins 30 mètres.

Il est bien entendu que la condition d'éloignement des habitations ne concerne que les usines qui se formeraient à l'avenir. S'il en était autrement, en effet, certains établissements actuellement existants se trouveraient frappés d'une sorte de suppression qui ne saurait être dans les intentions du règlement. Vous devrez donc seulement, Monsieur le Préfet, n'autoriser désormais les usines à gaz qu'en les obligeant à satisfaire à la condition d'éloignement exigée par le décret.

Quant à la première partie de cet article et à l'ensemble des autres dispositions du décret, l'application en principe doit en être immédiate. Mais, avant de formuler des prescriptions à cet égard pour chaque établissement, vous devrez vous faire rendre un compte exact de la situation de l'usine, de son emplacement, de la possibilité où de l'impossibilité qu'il y aurait de construire le mur ou la clôture exigés. Vous aurez aussi, avant d'ordonner l'exécution de ces travaux, à tenir compte de

la difficulté qu'ils pourraient rencontrer, soit au point de vue
de la situation existante, soit au point de vue de la dépense
qu'ils occasionneraient, et, vous pourrez, suivant les circonstances, user momentanément de tolérance, en accordant, pour
la réalisation de ces travaux, les délais que vous jugeriez
convenables.

C'est l'article 9 qui, comme je l'ai déjà indiqué, laisse aux
propriétaires d'usines à gaz, et sous certaines conditions, la
faculté de traiter, dans leur établissement même, les eaux de
condensation qu'ils peuvent recueillir pour en extraire les sels
ammoniacaux. Vous devrez, Monsieur le Préfet, veiller à ce
que les conditions qu'impose cet article soient convenablement
observées, surtout en ce qui concerne les exhalaisons nuisibles
et l'écoulement des eaux, de manière à sauvegarder les intérêts
de la salubrité publique et ceux des habitations voisines.

Les articles 3, 4, 5, 6, 7, 8, 10, 11 et 12 renferment, sauf
ce qui a été indiqué ci-dessus, à peu près les mêmes dispositions
que les articles correspondants de l'ordonnance de 1846.

Ces diverses prescriptions ne peuvent être l'objet d'aucun em-
barras, d'aucune gêne sérieuse pour les propriétaires d'usines à
gaz, pourvu que l'on tienne compte des recommandations qui
précèdent touchant les ménagements qu'il convient d'apporter à
l'application de l'article 2 du nouveau règlement.

Je compte beaucoup, du reste, Monsieur le Préfet, sur votre
sollicitude éclairée, pour faciliter la transition du régime an-
cien au régime inauguré par le nouveau décret; mais, si vous
rencontriez dans l'application quelques difficultés qui vous fis-
sent désirer d'avoir l'avis du Comité consultatif des arts et manufactures, vous pourriez m'en référer, et vous me trouverez
disposé à vous faciliter la solution des questions que vous auriez

à résoudre au début de ce nouveau régime pour l'industrie du gaz.

Veuillez m'accuser réception de cette circulaire.

Recevez, Monsieur le Préfet, l'assurance de ma considération la plus distinguée.

Le Ministre de l'agriculture, du commerce
et des travaux publics,

Signé DE FORCADE.

DÉCRET

*relatif aux usines et ateliers de fabrication du gaz
de l'éclairage.*

NAPOLÉON, par la grâce de Dieu et la volonté nationale, EMPEREUR DES FRANÇAIS,

A tous présents et à venir, SALUT.

Sur le rapport de notre Ministre secrétaire d'État au département de l'agriculture, du commerce et des travaux publics;

Vu l'ordonnance royale du 27 janvier 1846, concernant les établissements d'éclairage par le gaz hydrogène;

Vu le décret du 31 décembre 1866;

Vu l'avis du Comité consultatif des arts et manufactures;

Notre Conseil d'État entendu,

AVONS DÉCRÉTÉ et DÉCRÉTONS ce qui suit :

ARTICLE PREMIER.

Les usines et ateliers de fabrication du gaz d'éclairage et de chauffage pour l'usage public, et les gazomètres qui en dépendent, sont soumis aux conditions ci-après :

ART. 2.

Les usines sont fermées par un mur d'enceinte ou une clôture solide en bois, de trois mètres de hauteur au moins; les ateliers de fabrication et les gazomètres sont à la distance de trente mètres au moins des maisons d'habitation voisines.

ART. 3.

Les ateliers de distillation et tous les bâtiments y attenants seront construits et couverts en matériaux incombustibles.

ART. 4.

La ventilation desdits ateliers doit être assurée par des
ouvertures suffisamment larges et nombreuses, ménagées
dans les parois latérales et à la partie supérieure du toit.

ART. 5.

Les appareils de condensation sont établis en plein air
ou dans des bâtiments dont la ventilation est assurée
comme celle des ateliers de distillation.

ART. 6.

Les appareils d'épuration sont placés vers le centre de
l'usine, en plein air ou dans des bâtiments dont la ventilation est assurée comme celle des ateliers de distillation
et de condensation.

ART. 7.

Les eaux ammoniacales et les goudrons produits par
la distillation, qu'on n'enlèverait pas immédiatement, seront recueillis dans des citernes exactement closes et qui
devront être parfaitement étanches.

ART. 8.

L'épuration sera pratiquée et conduite avec les soins et
précautions nécessaires pour qu'aucune odeur incommode
ne se répande en dehors de l'enceinte de l'usine. La chaux
ou les laits de chaux, s'il en est fait usage, seront enlevés,
chaque jour, dans des vases ou tombereaux fermant her-

métiquement, et transportés dans une voirie ou dans un local désigné par l'autorité municipale.

ART. 9.

Les eaux de condensation peuvent être traitées dans l'usine elle-même pour en extraire les sels ammoniacaux qu'elles contiennent, à la condition que les ateliers soient établis vers la partie centrale de l'usine, et qu'il n'en sorte aucune exhalaison nuisible ou incommode pour les habitants du voisinage, et que l'écoulement des eaux perdues soit assuré sans inconvénient pour le voisinage.

ART. 10.

Les goudrons ne pourront être brûlés dans les cendriers et dans les fourneaux qu'autant qu'il n'en résultera, à l'extérieur, ni fumée ni odeur.

ART. 11.

Les bassins dans lesquels plongent les gazomètres seront complétement étanches; ils seront construits en pierres ou briques à bain de mortier hydraulique, en tôle ou en fonte.

ART. 12.

Les gazomètres seront établis à l'air libre; la cloche de chacun d'eux sera maintenue entre des guides fixes, solidement établis, de manière que, dans son mouvement, son axe ne s'écarte pas de la verticale. La course ascendante en sera limitée, de telle sorte que, lorsque la cloche atteindra cette limite, son bord inférieur soit encore à un niveau inférieur de $0^m,30$ au moins au bord du bassin ou cuve.

La force élastique du gaz dans l'intérieur du gazomètre sera toujours maintenue au-dessus de la pression atmosphérique. Elle sera indiquée par un manomètre très-apparent.

ART. 13.

Les usines et appareils mentionnés ci-dessus pourront, en outre, être assujettis aux mesures de précautions et dispositions qui seraient reconnues utiles dans l'intérêt de la sûreté et de la salubrité publiques, et qui seraient déterminées par un règlement d'administration publique.

ART. 14.

Les usines et ateliers régis par le présent décret seront soumis à l'inspection de l'autorité municipale chargée de veiller à ce que les conditions prescrites soient observées.

ART. 15.

Les dispositions de l'ordonnance précitée du 27 janvier 1846 sont et demeurent rapportées.

ART. 16.

Notre Ministre secrétaire d'État au département de l'agriculture, du commerce et des travaux publics est chargé de l'exécution du présent décret, qui sera inséré au *Bulletin des lois*.

Fait au palais des Tuileries, le 9 février 1867.

Signé NAPOLÉON.

Par l'Empereur :

Le Ministre Secrétaire d'État au département
de l'agriculture, du commerce et des travaux publics,

Signé DE FORCADE.

MINISTÈRE
DE
L'AGRICULTURE
ET
DE COMMERCE.

CIRCULAIRE

commentant le décret sur les huiles de pétrole.

Versailles, le 23 mai 1873.

MONSIEUR LE PRÉFET, *un premier décret en date du 16 avril 1866 a réglé les mesures de précaution à observer dans le commerce en gros et en détail des huiles minérales et autres hydro-carbures.*

Postérieurement à ce décret, la consommation des essences de pétrole s'est accrue par suite de la vulgarisation des lampes à éponge dans lesquelles on utilise les liquides les plus inflammables contenus dans le pétrole brut; en même temps de graves accidents produits par l'incendie de ces mêmes liquides ont ému l'opinion publique, déjà prévenue contre le pétrole par les événements de l'année 1871, dont le souvenir est présent à tous les esprits.

L'administration reconnut alors la nécessité de modifier la réglementation de 1866, et un second décret fut préparé et promulgué le 27 janvier 1872.

Ce nouveau règlement a provoqué des réclamations de la part des principaux fabricants et négociants adonnés à la vente et au commerce du pétrole; ils ont allégué que les prescriptions du décret du 27 janvier 1872 rendaient impossible l'exercice de leur industrie.

Le Comité consultatif des arts et manufactures a été chargé d'entendre les réclamations et de présenter un rapport.

Le Comité s'est acquitté de cette mission ; il a reconnu que les réclamations étaient en partie fondées, et il a émis l'avis qu'il convenait de modifier la rédaction du décret précité. A la suite d'une étude approfondie, un nouveau projet de décret a été préparé. Ce projet de décret, délibéré en Conseil d'État, a été revêtu de la sanction de M. le Président de la République ; il porte la date du 19 mai 1873 ; vous en trouverez le texte annexé à la présente circulaire.

La pensée qui a inspiré ce nouveau décret a été de prescrire une réglementation qui, tout en sauvegardant les intérêts de la sécurité publique et tout en donnant satisfaction aux légitimes appréhensions de l'opinion, permît l'exercice du commerce en gros et de la vente au détail du pétrole.

Je crois devoir ajouter quelques explications qui vous permettront de retrouver cette pensée dans les divers articles du décret.

Comme l'avait édicté le décret de 1872, le pétrole, ses dérivés, les huiles de schiste et de goudron, les essences et autres hydrocarbures liquides pour l'éclairage et le chauffage, la fabrication des couleurs et vernis, le dégraissage des étoffes ou tout autre emploi, sont distingués en deux catégories, suivant leur degré d'inflammabilité. La première catégorie comprend les substances très-inflammables, c'est-à-dire celles qui émettent, à une température inférieure à 35 degrés du thermomètre centigrade, des vapeurs susceptibles de prendre feu au contact d'une allumette enflammée. La deuxième catégorie comprend les substances moins inflammables, c'est-à-dire celles qui n'émettent de vapeurs susceptibles de prendre feu au contact d'une allu-

nette enflammée qu'à une température égale ou supérieure à
35 degrés.

Un arrêté ministériel déterminera ultérieurement le mode
d'expérience par lequel sera constaté le degré d'inflammabilité
des liquides à classer dans chaque catégorie.

En attendant que cet arrêté soit intervenu, on devra se conformer dans la pratique aux indications contenues dans la circulaire du 20 octobre 1866.

Les usines pour la fabrication, la distillation et le travail en
grand des substances précitées sont rangées dans la 1re classe
des établissements dangereux, insalubres ou incommodes.

Les magasins ou entrepôts de ces substances sont rangés dans
la 1re, la 2e ou la 3e classe des établissements dangereux, insalubres ou incommodes, suivant les quantités de liquides qu'ils
sont destinés à contenir: le décret de 1872 avait rangé dans la
1re classe les magasins ou entrepôts contenant plus de 15,000 litres
de substances de la 1re ou de la 2e catégorie; dans la 2e, les
magasins contenant de 7,500 à 15,000 litres, et dans la 3e classe
ceux contenant moins de 7,500 litres; le nouveau décret substi-
tue à ces chiffres ceux de 3,000, 1,500 et 300 litres, qui
représentent l'approvisionnement autorisé en liquides de la
1re catégorie : l'entrepositaire pourra remplacer ces quantités par des chiffres plus considérables de liquides de la 2e catégorie, en vertu d'un système nouveau inauguré par le présent
décret, et dont voici l'explication.

La science et l'industrie ont été d'accord pour reconnaître que,
tandis que les huiles de 2e catégorie, dites huiles lampantes,
qui ne s'enflamment qu'à une température supérieure à 35 degrés, présentaient peu de dangers dans leur maniement et leur
emploi, les huiles de la 1re catégorie, au contraire, ordinaire-

ment appelées essences, devaient être considérées comme très-
dangereuses, et soumises comme telles à une rigoureuse réglementation.

Dans cette pensée, on a admis que 5 litres de liquide de la
2ᵉ catégorie seraient comptés pour un litre de la 1ʳᵉ (§ 5 de
l'article 4).

Cette prescription répond à l'idée que 5 litres d'huiles lampantes sont moins dangereux à conserver en magasin qu'un litre
d'essence; et qu'il y a lieu d'encourager la vente des huiles lampantes plutôt que celle des essences dans la proportion de 5
contre 1. Ce chiffre, appelé coefficient ou équivalent, dans les
rapports sur la matière, doit être appliqué ainsi qu'il suit :

Un entrepositaire de 3ᵉ classe pourra, aux termes du décret,
conserver dans son magasin 1,500 litres d'essence (1ʳᵉ catégorie);
mais s'il renonce à la vente des essences, il pourra emmagasiner
cinq fois autant d'huiles lampantes (2ᵉ catégorie), c'est-à-dire
7,500 litres; s'il désire être autorisé pour un dépôt mixte, il
pourra, par exemple, avoir à la fois dans son magasin 500 litres
d'essence et cinq fois les mille litres restant ou 5,000 litres
d'huiles lampantes.

Vous remarquerez, en outre, que l'alcool, l'éther, le sulfure
de carbone et autres liquides inflammables contenus dans le
même magasin sont compris dans l'approvisionnement, et assimilés aux substances de 1ʳᵉ ou de 2ᵉ catégorie, suivant qu'ils
émettent ou non des vapeurs susceptibles de prendre feu à la
température de 35 degrés. Il y a là une prescription nouvelle,
dont l'importance ne vous échappera pas.

Je n'insisterai pas, Monsieur le Préfet, sur les dispositions
adoptées pour l'installation et la police des magasins de 1ʳᵉ et
de 2ᵉ classe, contenues dans l'article 5 du nouveau décret; ces

ispositions sont d'une application facile; elles ne demandent
aucune explication. L'article 6 vous laisse d'ailleurs la faculté
e les remplacer par des conditions présentant des garanties au
oins équivalentes; on n'a pas voulu fermer la porte aux inno-
ations dans le cas où la sécurité publique n'aurait pas à en
ouffrir. Mais vous n'oublierez pas que les autorisations ainsi
ccordées devront être préalablement soumises à mon approbation.
e dernier alinéa de l'article 5 vous accorde, en outre, le droit,
ans des cas spéciaux et exceptionnels, d'ajouter aux prescrip-
ons du décret celles qui vous paraîtraient de nature à sauve-
arder la sécurité publique; mais il ne vous échappera pas que
ous ne devez faire usage de vos pouvoirs qu'avec une grande
serve et après avoir pris mon avis.

Les entrepôts de pétrole de 3ᵉ classe sont soumis à des con-
itions réglées par les autorisations délivrées par les sous-
réfets.

Quant aux petits entrepositaires dont l'approvisionnement ne
épasse pas 300 litres de liquides de la 1ʳᵉ catégorie, ils sont
lacés à peu près dans les mêmes conditions que les marchands
u détail. Ils n'ont pas besoin d'obtenir une autorisation : ils
ont simplement soumis à la formalité de la déclaration préa-
ble au maire et au sous-préfet.

Le décret spécifie diverses conditions d'aménagement et de po-
ce intérieure pour les établissements de 3ᵉ classe, mais il laisse
ne part à l'initiative des magistrats locaux, et on devra, dans
application, s'inspirer autant que possible de l'esprit général et
es prescriptions spéciales du décret. L'article 8 donne une indi-
ation des précautions à prendre dans des cas semblables.

Cet article établit, notamment, que le magasin doit être isolé
ans une cour ou tout autre emplacement découvert, le sol dudit

magasin devra être en contre-bas, creusé en forme de cuvette et entouré de murs ou de terre, de telle façon qu'en cas d'incendie le liquide enflammé ne puisse se répandre au dehors.

Vous trouverez la confirmation des idées qui ont présidé à l'élaboration du nouveau décret dans les prescriptions qui sont spécifiées pour l'envaisselage des liquides de 1re catégorie, dits essences, en ce qui concerne la vente au détail, qui doit être l'objet d'une surveillance spéciale, puisqu'elle apporte le liquide dangereux au milieu des maisons habitées.

Les essences ne peuvent être transportées de l'usine du producteur ou du magasin du négociant intermédiaire chez le détaillant que dans des récipients en tôle d'une capacité de 60 litres au plus, adoptés depuis quelque temps dans le commerce parisien et portant une étiquette inscrite sur fond rouge. La couleur rouge est, en effet, depuis l'invention des chemins de fer, le signal d'alarme. On espère, en l'adoptant pour les récipients destinés à contenir les essences, mettre le marchand et l'acheteur en garde contre le danger que présente le maniement de ces liquides, et habituer les uns et les autres à en considérer l'emploi comme compromettant pour leur propre sécurité et celle du public. Aux termes du nouveau décret, les essences ne peuvent être transvasées à la clarté de la lumière artificielle; le marchand qui voudra continuer la vente le soir devra remplir à l'avance des bidons pour l'usage des consommateurs. Dans tous les cas, le débit des essences sera fait au moyen de bidons.

Au contraire, la vente des huiles lampantes (2e catégorie) n'est soumise qu'à la formalité de l'envaisselage dans un récipient métallique d'une capacité de 350 litres, c'est-à-dire équivalente environ à deux fûts de 150 litres. L'usage des bidons, exigé pour ces liquides comme pour ceux de 1re catégorie, dans le décret du 27 janvier 1872, cesse d'être obligatoire. On a ainsi fait droit à la réclamation des négociants en pétrole.

Le système de l'équivalence exposé plus haut doit être également appliqué au commerce de détail.

Enfin le décret a entendu proscrire le transport et la conservation des liquides des deux catégories dans des touries en grès ou en verre, la rupture de ces vases, de nature fragile, ayant causé de nombreux accidents.

Je n'ai pas à insister sur les autres dispositions contenues dans le décret, leur application ne pouvant offrir aucune difficulté.

Je vous prie, Monsieur le Préfet, de m'accuser réception des présentes instructions.

Recevez, Monsieur le Préfet, l'assurance de ma considération très-distinguée.

Le Ministre de l'agriculture et du commerce,

E. TEISSERENC DE BORT.

DÉCRET

concernant les huiles de pétrole et de schiste, essences et autres hydrocarbures.

LE PRÉSIDENT DE LA RÉPUBLIQUE FRANÇAISE,

Sur le rapport du Ministre de l'agriculture et du commerce ;

Vu les lois des 22 décembre 1789-janvier 1790 (section III, art. 2) et 16-24 août 1790 (titre XI, art. 3) ;

Vu le décret du 15 octobre 1810, l'ordonnance du 14 janvier 1815 et les décrets des 18 avril et 31 décembre 1866 ;

Le Conseil d'État entendu,

DÉCRÈTE :

ARTICLE PREMIER.

Le pétrole et ses dérivés, les huiles de schiste et de goudron, les essences et autres hydrocarbures liquides pour l'éclairage et le chauffage, la fabrication des couleurs et vernis, le dégraissage des étoffes, ou tout autre emploi, sont distingués en deux catégories, suivant leur degré d'inflammabilité.

La première catégorie comprend les substances très-inflammables, c'est-à-dire celles qui émettent, à une température inférieure à 35 degrés du thermomètre centigrade, des vapeurs susceptibles de prendre feu au contact d'une allumette enflammée.

La seconde catégorie comprend les substances moins inflammables, c'est-à-dire celles qui n'émettent de vapeurs susceptibles de prendre feu au contact d'une allumette enflammée qu'à une température égale ou supérieure à 35 degrés.

Un arrêté du Ministre de l'agriculture et du commerce déterminera, sur l'avis du Comité consultatif des arts et manufactures, le mode d'expérience par lequel sera constaté le degré d'inflammabilité des liquides à classer dans chaque catégorie.

ART. 2.

Les usines pour le traitement de ces substances, les entrepôts et magasins de vente en gros et les dépôts pour la vente au détail ne peuvent être établis et exploités que sous les conditions prescrites par le présent décret.

SECTION PREMIÈRE.
DES USINES.

ART. 3.

Les usines pour la fabrication, la distillation et le travail en grand des substances désignées à l'article 1er demeurent rangées dans la première classe des établissements dangereux, insalubres ou incommodes, régis par le décret du 15 octobre 1810 et par l'ordonnance du 14 janvier 1815.

SECTION II.
DES ENTREPÔTS ET MAGASINS DE VENTE EN GROS.

ART. 4.

Les entrepôts ou magasins de substances désignées à

8.

l'article 1ᵉʳ, dans lesquels ces substances ne doivent subir aucune autre manipulation qu'un simple lavage à l'eau froide et des transvasements, sont rangés dans la première, la deuxième ou la troisième classe des établissements dangereux, insalubres ou incommodes, suivant les quantités de liquides qu'ils sont destinés à contenir, savoir :

Dans la première classe, s'ils doivent contenir plus de 3,000 litres de liquide de la première catégorie ;

Dans la deuxième classe, s'ils doivent en contenir de 1,500 à 3,000 litres ;

Dans la troisième classe, s'ils doivent contenir plus de 300, mais pas plus de 1,500 litres.

Lorsque les entrepôts ou magasins doivent contenir des substances de la deuxième catégorie, 5 litres de celles-ci sont comptés pour un litre de la première.

Lorsque les entrepôts ou magasins contiennent, en outre, des approvisionnements de matières combustibles, et notamment de liquides inflammables, tels que l'alcool, l'éther, le sulfure de carbone, etc., non régis par le présent décret, ces substances sont comptées dans l'approvisionnement total des substances dangereuses, et assimilées à celles de la première ou de la seconde catégorie, suivant qu'elles émettent ou non, à la température de 35 degrés centigrades, des vapeurs susceptibles de prendre feu au contact d'une allumette enflammée.

ART. 5.

Les entrepôts ou magasins de la première ou de la deuxième classe qui renferment des substances de la première catégorie, soit exclusivement, soit jointes à des

ubstances de seconde catégorie, sont assujettis aux règles
uivantes :

1° Le magasin sera établi dans une enceinte close par
les murs en maçonnerie de 2^m, 50 de hauteur au moins
ayant sur la voie publique une seule entrée, qui doit être
garnie d'une porte pleine, solidement ferrée et fermant à
clef.

Cette porte d'entrée sera fermée depuis la chute du
jour jusqu'au matin. La clef en sera déposée, durant cet
intervalle, entre les mains de l'exploitant du magasin ou
d'un gardien délégué par lui. Durant le jour, l'entrée et la
sortie des ouvriers et charretiers seront surveillées par un
préposé.

2° L'enceinte ne devra renfermer d'autre logement
habité pendant la nuit que celui qui pourra être établi
pour un portier-gardien et sa famille.

Cette habitation elle-même aura son entrée particulière
et sera séparée du reste de l'enceinte par un mur de 1^m, 30
de hauteur au moins, sans aucune ouverture.

3° La plus petite distance de l'enceinte aux maisons
d'habitation ou bâtiments quelconques appartenant à des
tiers ne pourra être de moins de 50 mètres pour les magasins de la première classe, et de 4 mètres pour ceux de
la deuxième.

4° Les appareils fixes ou les réservoirs contenant les
liquides auront leurs parois à une distance de 50 centimètres au moins de la face intérieure du mur d'enceinte,
et seront disposés de manière à pouvoir être toujours facilement inspectés et surveillés.

5° Le sol du magasin sera dallé, carrelé ou bétonné,

avec pentes et rigoles disposées de manière à amener les liquides, qui seraient répandus accidentellement, dans une ou plusieurs citernes étanches ayant ensemble une capacité suffisante pour contenir la totalité des liquides emmagasinés, et maintenues toujours en état de service.

Si le sol du magasin est en contre-bas du sol environnant, ou s'il est protégé par un terrassement ou massif continu sans aucune ouverture, la cuvette ainsi formée tiendra lieu, jusqu'à concurrence de sa capacité, des citernes prescrites au paragraphe précédent.

6° Le magasin pourra être à découvert en plein air. S'il est enfermé dans un bâtiment ou hangar, ce bâtiment ou hangar sera construit en matériaux incombustibles, non surmonté d'étages, bien éclairé par la lumière du jour et largement ventilé, avec des ouvertures ménagées dans la toiture.

7° Les liquides emmagasinés seront contenus soit dans des récipients en métal munis de couvercles mobiles, soit dans des fûts en bois cerclés de fer.

Le transvasement des liquides de la première catégorie d'un récipient dans un autre, situé à un niveau plus élevé, se fera toujours au moyen d'une pompe fixe et étanche.

Les fûts vides, ainsi que les débris d'emballage, seront placés hors du magasin.

8° Toutes les réceptions, manipulations et expéditions de liquides seront faites à la clarté du jour. Durant la nuit, l'entrée dans le magasin est absolument interdite.

Il est également interdit d'y allumer ou d'y apporter du feu, des lumières ou des allumettes, et d'y fumer. Cette interdiction sera écrite en caractères très-apparents

sur le parement extérieur du mur, du côté de la porte
d'entrée.

9° Une quantité de sable ou de terre, proportionnée
à l'importance des approvisionnements, sera conservée à
proximité du magasin, pour servir à éteindre un commencement d'incendie, s'il venait à se déclarer.

Les préfets peuvent imposer, en outre, les conditions
qui seraient exigées, dans des cas spéciaux, par l'intérêt
de la sécurité publique. Dans ce cas, les arrêtés d'autorisation doivent être soumis à l'approbation du Ministre de
l'agriculture et du commerce, qui statue sur l'avis du
Comité consultatif des arts et manufactures.

ART. 6.

Les préfets peuvent autoriser des entrepôts ou magasins établis et exploités dans des conditions différentes de
celles déterminées par l'article 5, lorsque ces conditions
présentent des garanties au moins équivalentes pour la sécurité publique. Dans ce cas, les arrêtés d'autorisation,
avant d'être délivrés aux demandeurs, doivent être soumis à l'approbation du Ministre de l'agriculture et du
commerce, qui statue sur l'avis du Comité consultatif des
arts et manufactures.

ART. 7.

Les conditions d'établissement des entrepôts ou magasins rangés dans la troisième classe sont réglées par les
arrêtés d'autorisation.

Il en est de même des entrepôts ou magasins dans lesquels les liquides inflammables ne subissent ni transvase-

ment ni manipulation d'aucune sorte, ou qui ne contiennent que des substances de la deuxième catégorie.

Les exploitants de ces entrepôts ou magasins devront en outre se conformer aux prescriptions indiquées dans les nᵒˢ 7, 8 et 9 de l'article 5 du présent décret.

ART. 8.

Les entrepôts ou magasins dont l'approvisionnement total ne dépasse pas 300 litres de liquides de la première catégorie, ou une quantité équivalente de liquides de l'une et de l'autre catégories, peuvent être établis sans autorisation préalable.

Toutefois le propriétaire est tenu d'adresser au maire de la commune où est situé son établissement et au sous-préfet de l'arrondissement une déclaration contenant la désignation précise du local affecté au magasin. Ce magasin sera isolé de toute maison d'habitation ou de tout bâtiment contenant des matières combustibles, parfaitement ventilé et constamment fermé à clef. Le sol sera creusé en forme de cuvette et entouré d'un bourrelet en terre ou en maçonnerie, pouvant retenir les liquides en cas de fuite.

Après cette déclaration, l'entrepositaire peut exploiter son magasin, à la charge d'observer les prescriptions indiquées dans les nᵒˢ 7, 8 et 9 de l'article 5 du présent décret.

SECTION III.

DE LA VENTE AU DÉTAIL.

ART. 9.

Tout débitant de substances désignées à l'article 1ᵉʳ est

tenu d'adresser au maire de la commune où est situé son
établissement et au sous-préfet de l'arrondissement une
déclaration contenant la désignation précise du local, des
procédés de conservation et de livraison, des quantités de
liquides inflammables auxquelles il entend limiter son
approvisionnement, et de l'emplacement qui sera exclusivement affecté dans sa boutique aux récipients de ces liquides.

Après cette déclaration, le débitant peut exploiter son
commerce, à la charge par lui de se conformer aux prescriptions contenues dans les articles suivants.

ART. 10.

Les liquides de la première catégorie sont transportés
et conservés chez le détaillant, sans aucun transvasement
lors de la réception, dans des récipients en forte tôle de
métal, étanches et munis de deux ouvertures au plus, fermées par des robinets ou bouchons hermétiques.

Ces récipients ont une capacité de 60 litres au plus;
ils portent, solidement fixée et en caractères très-lisibles,
l'inscription sur fond rouge : *Essence inflammable.*

Ils ne peuvent, en aucun cas, être déposés dans une
cave; ils sont solidement établis et occupent un emplacement spécial, séparé de celui des autres marchandises
dans la boutique. Un vase avec goulot en forme d'entonnoir est placé sous le robinet pour recevoir le liquide qui
viendrait à s'en échapper.

Une quantité de sable ou de terre, proportionnée à
l'importance du dépôt, sera conservée dans le local, pour

servir à éteindre un commencement d'incendie, s'il venait
à se déclarer.

Les liquides de la première catégorie ne peuvent être
livrés aux consommateurs que dans des burettes ou bidons
en métal étanches, munis d'un ou de deux orifices, avec
robinets ou bouchons hermétiques, et portant l'inscription
très-lisible : *Essence inflammable*. Le remplissage des bidons
doit se faire directement sous le récipient, sans interposi-
tion d'entonnoir ou d'ajutage mobile, de façon qu'aucune
goutte de liquide ne soit répandue au dehors.

Les liquides de la première catégorie ne peuvent être
transvasés pour le débit qu'à la clarté du jour. La livraison
au consommateur est interdite à la lumière artificielle, à
moins que le détaillant ne conserve et ne débite les liquides
dans des bidons ou burettes en métal, de manière à éviter
tout transvasement au moment de la vente. Ces bidons,
d'une capacité de 5 litres au plus, seront rangés dans des
boîtes ou casiers à rebords, garnis intérieurement de
feuilles de métal formant cuvette étanche.

ART. 11.

Les liquides de la seconde catégorie sont conservés chez
le détaillant dans des récipients en métal étanches, soi-
gneusement clos et solidement établis.

Ces récipients ont une capacité de 350 litres au plus;
ils portent l'inscription sur fond blanc : *Huile minérale*.

ART. 12.

L'approvisionnement du débit ne devra jamais excéder
300 litres de liquides de la première catégorie ou une

quantité équivalente de liquides de l'une et de l'autre catégories.

5 litres de substances de la seconde catégorie sont considérés comme équivalents à un litre de substances de la
première catégorie.

Les liquides inflammables non régis par le présent décret, qui peuvent se trouver dans le local du débit, sont
comptés dans l'approvisionnement total des substances
dangereuses et assimilés à celles de la première catégorie,
s'ils émettent à la température de 35 degrés des vapeurs
susceptibles de prendre feu au contact d'une allumette
enflammée.

ART. 13.

Dans le cas où le détaillant disposerait d'une cour ou
de tout autre emplacement découvert, il pourra conserver
les liquides dans les récipients, fûts en bois ou autres,
ayant servi au transport.

Ces récipients seront placés dans un magasin isolé de
toute maison d'habitation ou de tout bâtiment contenant
des matières combustibles, parfaitement ventilé et constamment fermé à clef. Le sol sera creusé en forme de cuvette et entouré d'un bourrelet en terre ou en maçonnerie,
pouvant retenir les liquides en cas de fuite.

Le détaillant sera d'ailleurs soumis aux prescriptions indiquées dans les trois derniers paragraphes de l'article 10,
dans le dernier paragraphe de l'article 11 et dans l'article 12 du présent décret.

ART. 14.

Les dispositions précédentes relatives aux dépôts pour

la vente au détail ne peuvent être suppléées par des dispositions équivalentes qu'en vertu d'une autorisation spéciale, délivrée par le préfet sur l'avis du conseil d'hygiène
et de salubrité du département, et fixant les conditions
imposées au débitant dans l'intérêt de la sécurité publique.

Il sera rendu compte au Ministre de l'agriculture et du
commerce des autorisations données en vertu du présent
article.

SECTION IV.

DISPOSITIONS GÉNÉRALES.

ART. 15.

Les entrepôts ou magasins de vente en gros et les dépôts pour la vente au détail, qui ont été précédemment autorisés ou déclarés, conformément aux règlements en vigueur, peuvent être maintenus dans les conditions qui ont
été fixées par ces règlements ou par les arrêtés spéciaux
d'autorisation. L'exploitant ne peut y apporter aucune modification qu'à la charge de se conformer aux prescriptions
du présent décret et, suivant les cas, d'obtenir une nouvelle autorisation ou de faire une déclaration nouvelle,
comme il est dit aux articles ci-dessus.

ART. 16.

En cas d'inobservation des conditions d'installation
fixées par le présent décret ou par les arrêtés spéciaux
d'autorisation, les entrepôts ou magasins de vente en gros
peuvent être fermés et la vente au détail peut être inter-

e, sans préjudice des peines encourues pour contraven-
n aux règlements de police.

ART. 17.

Le transport des substances désignées à l'article 1er doit
re fait exclusivement dans des vases en métal, étanches
hermétiquement clos, ou dans des fûts en bois égale-
ent étanches et cerclés de fer.

ART. 18.

Les attributions conférées aux préfets, aux sous-préfets
aux maires par le présent décret sont exercées par le
éfet de police dans l'étendue de son ressort.

ART. 19.

Le décret du 27 janvier 1872, relatif aux huiles miné-
les et autres hydrocarbures, est rapporté.

Le décret du 31 décembre 1866, relatif au classement
es établissements dangereux, insalubres ou incommodes,
t réformé en ce qui concerne les entrepôts ou magasins
hydrocarbures.

ART. 20.

Le Ministre de l'agriculture et du commerce est chargé
e l'exécution du présent décret, qui sera inséré au *Jour-
l officiel* et au *Bulletin des lois*.

Fait à Versailles, le 19 mai 1873.

A. THIERS.

Par le Président de la République :

Le Ministre de l'agriculture et du commerce,
E. TEISSERENC DE BORT.

BREVETS D'INVENTION.

LOI

sur les Brevets d'invention, du 5 juillet 1844.

Au palais de Neuilly, le 5 juillet 1844.

LOUIS-PHILIPPE, Roi des Français, à tous présents et venir, SALUT.

Nous avons proposé, les Chambres ont adopté, NOUS ʿONS ORDONNÉ et ORDONNONS ce qui suit :

TITRE PREMIER.

DISPOSITIONS GÉNÉRALES.

ARTICLE PREMIER.

Toute nouvelle découverte ou invention dans tous les ɪnres d'industrie confère à son auteur, sous les condi-ɔns et pour le temps ci-après déterminés, le droit ɪclusif d'exploiter à son profit ladite découverte ou inven-ɔn,

Ce droit est constaté par des titres délivrés par le ʿouvernement, sous le nom de *brevets d'invention*.

ART. 2.

Seront considérées comme inventions ou découvertes
nouvelles :

L'invention de nouveaux produits industriels;

L'invention de nouveaux moyens ou l'application nouvelle de moyens connus, pour l'obtention d'un résultat ou
d'un produit industriel.

ART. 3.

Ne sont pas susceptibles d'être brevetés:

1° Les compositions pharmaceutiques ou remèdes de
toute espèce, lesdits objets demeurant soumis aux lois
et règlements spéciaux sur la matière, et notamment au
décret du 18 août 1810, relatifs aux remèdes secrets;

2° Les plans et combinaisons de crédit ou de finances.

ART. 4.

La durée des brevets sera de cinq, dix ou quinze
années.

Chaque brevet donnera lieu au payement d'une taxe,
qui est fixée ainsi qu'il suit, savoir :

500 francs pour un brevet de cinq ans;

1,000 francs pour un brevet de dix ans;

1,500 francs pour un brevet de quinze ans.

Cette taxe sera payée par annuité de 100 francs, sous
peine de déchéance si le breveté laisse écouler un terme
sans l'acquitter.

TITRE II.

DES FORMALITÉS RELATIVES À LA DÉLIVRANCE DES BREVETS.

SECTION PREMIÈRE
DES DEMANDES DE BREVETS.

ART. 5.

Quiconque voudra prendre un brevet d'invention devra déposer, sous cachet, au secrétariat de la préfecture, dans le département où il est domicilié, ou dans tout autre département en y élisant domicile :

1° Sa demande au ministre de l'agriculture et du commerce;

2° Une description de la découverte, invention ou application faisant l'objet du brevet demandé;

3° Les dessins ou échantillons qui seraient nécessaires pour l'intelligence de la description;

Et 4° un bordereau des pièces déposées.

ART. 6.

La demande sera limitée à un seul objet principal, avec les objets de détail qui le constituent, et les applications qui auront été indiquées.

Elle mentionnera la durée que les demandeurs entendent assigner à leur brevet dans les limites fixées par l'article 4, et ne contiendra ni restrictions, ni conditions, ni réserves.

9

Elle indiquera un titre renfermant la désignation som-
maire et précise de l'objet de l'invention.

La description ne pourra être écrite en langue étrangère. Elle devra être sans altération ni surcharges. Les
mots rayés comme nuls seront comptés et constatés, les
pages et les renvois parafés. Elle ne devra contenir
aucune dénomination de poids ou de mesures autre que
celles qui sont portées au tableau annexé à la loi du
4 juillet 1837.

Les dessins seront tracés à l'encre et d'après une échelle
métrique.

Un duplicata de la description et des dessins sera joint
à la demande.

Toutes les pièces seront signées par le demandeur ou
par un mandataire, dont le pouvoir restera annexé à la
demande.

ART. 7.

Aucun dépôt ne sera reçu que sur la production d'un
récépissé constatant le versement d'une somme de 100
francs à valoir sur le montant de la taxe du brevet.

Un procès-verbal, dressé sans frais par le secrétaire général de la préfecture, sur un registre à ce destiné, et signé par le demandeur, constatera chaque dépôt, en énon-
çant le jour et l'heure de la remise des pièces.

Une expédition dudit procès-verbal sera remise au
déposant, moyennant le remboursement des frais de
timbre.

ART. 8.

La durée du brevet courra du jour du dépôt prescrit
par l'article 5.

SECTION II.

DE LA DÉLIVRANCE DES BREVETS.

ART. 9.

Aussitôt après l'enregistrement des demandes, et dans les cinq jours de la date du dépôt, les préfets transmettront les pièces, sous le cachet de l'inventeur, au ministre de l'agriculture et du commerce, en y joignant une copie certifiée du procès-verbal du dépôt, le récépissé constatant le versement de la taxe, et, s'il y a lieu, le pouvoir mentionné dans l'article 6.

ART. 10.

A l'arrivée des pièces au ministère de l'agriculture et du commerce, il sera procédé à l'ouverture, à l'enregistrement des demandes et à l'expédition des brevets, dans l'ordre de la réception desdites demandes.

ART. 11.

Les brevets dont la demande aura été régulièrement formée seront délivrés, sans examen préalable, aux risques et périls des demandeurs, et sans garantie, soit de la réalité, de la nouveauté ou du mérite de l'invention, soit de la fidélité ou de l'exactitude de la description.

Un arrêté du ministre, constatant la régularité de la demande, sera délivré au demandeur, et constituera le brevet d'invention.

A cet arrêté sera joint le duplicata certifié de la description et des dessins, mentionné dans l'article 6, après que la conformité avec l'expédition originale en aura été reconnue et établie, au besoin.

La première expédition des brevets sera délivrée sans frais.

Toute expédition ultérieure, demandée par le breveté ou ses ayants cause, donnera lieu au payement d'une taxe de 25 francs.

Les frais de dessin, s'il y a lieu, demeureront à la charge de l'impétrant.

ART. 12.

Toute demande dans laquelle n'auraient pas été observées les formalités prescrites par les n° 2 et 3 de l'article 5, et par l'article 6, sera rejetée. La moitié de la somme versée restera acquise au Trésor; mais il sera tenu compte de la totalité de cette somme au demandeur s'il reproduit sa demande dans un délai de trois mois, à compter de la date de la notification du rejet de sa requête.

ART. 13.

Lorsque, par application de l'article 3, il n'y aura pas lieu à délivrer un brevet, la taxe sera restituée.

ART. 14.

Une ordonnance royale, insérée au Bulletin des lois, proclamera, tous les trois mois, les brevets délivrés.

ART. 15.

La durée des brevets ne pourra être prolongée que par
une loi.

SECTION III.

DES CERTIFICATS D'ADDITION.

ART. 16.

Le breveté ou les ayants droit au brevet auront, pendant toute la durée du brevet, le droit d'apporter à l'invention des changements, perfectionnements ou additions
en remplissant, pour le dépôt de la demande, les formalités déterminées par les articles 5, 6 et 7.

Ces changements, perfectionnements ou additions,
seront constatés par des certificats délivrés dans la même
forme que le brevet principal, et qui produiront, à partir
des dates respectives des demandes de leur expédition,
les mêmes effets que ledit brevet principal, avec lequel
ils prendront fin.

Chaque demande de certificat d'addition donnera lieu
au payement d'une taxe de vingt francs.

Les certificats d'addition, pris par un des ayants droit,
profiteront à tous les autres.

ART. 17.

Tout breveté qui, pour un changement, perfectionnement ou addition, voudra prendre un brevet principal de
cinq, dix ou quinze années, au lieu d'un certificat d'ad-

dition expirant avec le brevet primitif, devra remplir les
formalités prescrites par les articles 5, 6 et 7, et acquitter
la taxe mentionnée dans l'article 4.

ART. 18.

Nul autre que le breveté ou ses ayants droit, agissant
comme il est dit ci-dessus, ne pourra pendant une année,
prendre valablement un brevet pour un changement, perfectionnement ou addition à l'invention qui fait l'objet du
brevet primitif.

Néanmoins, toute personne qui voudra prendre un
brevet pour changement, addition ou perfectionnement à
une découverte déjà brevetée, pourra, dans le cours de
ladite année, former une demande, qui sera transmise, et
restera déposée sous cachet, au ministère de l'agriculture
et du commerce.

L'année expirée, le cachet sera brisé et le brevet délivré.

Toutefois, le breveté principal aura la préférence pour
les changements, perfectionnements et additions pour
lesquels il aurait lui-même, pendant l'année, demandé un
certificat d'addition ou un brevet.

ART. 19.

Quiconque aura pris un brevet pour une découverte,
invention ou application se rattachant à l'objet d'un autre
brevet, n'aura aucun droit d'exploiter l'invention déjà brevetée, et réciproquement le titulaire du brevet primitif ne
pourra exploiter l'invention, objet du nouveau brevet.

SECTION IV.

DE LA TRANSMISSION ET DE LA CESSION DES BREVETS.

ART. 20.

Tout breveté pourra céder la totalité ou partie de la propriété de son brevet.

La cession totale ou partielle d'un brevet, soit à titre gratuit, soit à titre onéreux, ne pourra être faite que par acte notarié, et après le payement de la totalité de la taxe déterminée par l'article 4.

Aucune cession ne sera valable, à l'égard des tiers, qu'après avoir été enregistrée au secrétariat de la préfecture du département dans lequel l'acte aura été passé.

L'enregistrement des cessions et de tous autres actes emportant mutation sera fait sur la production et le dépôt d'un extrait authentique de l'acte de cession ou de mutation.

Une expédition de chaque procès-verbal d'enregistrement, accompagnée de l'extrait de l'acte ci-dessus mentionné, sera transmise, par les préfets, au ministre de l'agriculture et du commerce, dans les cinq jours de la date du procès-verbal.

ART. 21.

Il sera tenu, au ministère de l'agriculture et du commerce, un registre sur lequel seront inscrites les mutations intervenues sur chaque brevet, et tous les trois mois, une ordonnance royale proclamera, dans la forme déterminée par l'article 14, les mutations enregistrées pendant le trimestre expiré.

ART. 22.

Les cessionnaires d'un brevet, et ceux qui auront acquis d'un breveté ou de ses ayants droit la faculté d'exploiter la découverte ou l'invention, profiteront, de plein droit, des certificats d'addition qui seront ultérieurement délivrés aux brevetés ou à ses ayants droit. Réciproquement, le breveté ou ses ayants droit profiteront des certificats d'addition qui seront ultérieurement délivrés aux concessionnaires.

Tous ceux qui auront droit de profiter des certificats d'addition pourront en lever une expédition au ministère de l'agriculture et du commerce, moyennant un droit de vingt francs.

SECTION V.
DE LA COMMUNICATION ET DE LA PUBLICATION DES DESCRIPTIONS ET DESSINS DE BREVETS.

ART. 23.

Les descriptions, dessins, échantillons et modèles des brevets délivrés resteront, jusqu'à l'expiration des brevets, déposés au ministère de l'agriculture et du commerce, où ils seront communiqués sans frais à toute réquisition.

Toute personne pourra obtenir, à ses frais, copie desdites descriptions et dessins, suivant les formes qui seront déterminées dans le règlement rendu en exécution de l'article 50.

ART. 24.

Après le payement de la deuxième annuité, les descriptions et dessins seront publiés, soit textuellement, soit par extrait.

Il sera en outre publié, au commencement de chaque année, un catalogue contenant les titres des brevets délivrés dans le courant de l'année précédente.

ART. 25.

Le recueil des descriptions et dessins et le catalogue publiés en exécution de l'article précédent seront déposés au ministère de l'agriculture et du commerce, et au secrétariat de la préfecture de chaque département, où ils pourront être consultés sans frais.

ART. 26.

A l'expiration des brevets, les originaux des descriptions et dessins seront déposés au Conservatoire royal des arts et métiers.

TITRE III.

DES DROITS DES ÉTRANGERS.

ART. 27.

Les étrangers pourront obtenir en France des brevets d'invention.

ART. 28.

Les formalités et conditions déterminées par la présente

loi seront applicables aux brevets demandés ou délivrés en exécution de l'article précédent.

ART. 29.

L'auteur d'une invention ou découverte déjà brevetée à l'étranger pourra obtenir un brevet en France; mais la durée de ce brevet ne pourra excéder celle des brevets antérieurement pris à l'étranger.

TITRE IV.

DES NULLITÉS ET DÉCHÉANCES, DES ACTIONS Y RELATIVES.

SECTION PREMIÈRE.

DES NULLITÉS ET DÉCHÉANCES.

ART. 30.

Seront nuls, et de nul effet, les brevets délivrés dans les cas suivants, savoir :

1° Si la découverte, invention ou application n'est pas nouvelle;

2° Si la découverte, invention ou application n'est pas, aux termes de l'article 3, susceptible d'être brevetée;

3° Si les brevets portent sur des principes, méthodes, systèmes, découvertes et conceptions théoriques ou purement scientifiques, dont on n'a pas indiqué les applications industrielles;

4° Si la découverte, invention ou application est reconnue contraire à l'ordre ou à la sûreté publique, aux

onnes mœurs ou aux lois du royaume, sans préjudice,
ans ce cas et dans celui du paragraphe précédent, des
eines qui pourraient être encourues pour la fabrication
u le débit d'objets prohibés;

5° Si le titre sous lequel le brevet a été demandé in-
lique frauduleusement un objet autre que le véritable
bjet de l'invention;

6° Si la description jointe au brevet n'est pas suffisante
our l'exécution de l'invention, ou si elle n'indique pas,
l'une manière complète et loyale, les véritables moyens
le l'inventeur;

7° Si le brevet a été obtenu contrairement aux disposi-
ions de l'article 18.

Seront également nuls, et de nul effet, les certificats
omprenant des changements, perfectionnements ou addi-
ions qui ne se rattacheraient pas au brevet principal.

ART. 31.

Ne sera pas réputée nouvelle toute découverte, inven-
ion ou application qui, en France ou à l'étranger, et an-
érieurement à la date du dépôt de la demande, aura reçu
ne publicité suffisante pour pouvoir être exécutée.

ART. 32.

Sera déchu de tous ses droits :

1° Le breveté qui n'aura pas acquitté son annuité avant
e commencement de chacune des années de la durée de
on brevet;

2° Le breveté qui n'aura pas mis en exploitation sa dé-

couverte ou invention en France, dans le délai de deu
ans, à dater du jour de la signature du brevet, ou qui aur
cessé de l'exploiter pendant deux années consécutives, :
moins que, dans l'un ou l'autre cas, il ne justifie de
causes de son inaction;

3° Le breveté qui aura introduit en France des objet
fabriqués en pays étranger et semblables à ceux qui son
garantis par son brevet.

Sont exceptés des dispositions du précédent paragraphe
les modèles de machines dont le Ministre de l'agricultur
et du commerce pourra autoriser l'introduction dans le ca
prévu par l'article 29.

ART. 33.

Quiconque, dans des enseignes, annonces, prospectus
affiches, marques ou estampilles, prendra la qualité d
breveté sans posséder un brevet délivré conformément au
lois, ou après l'expiration d'un brevet antérieur; ou qui
étant breveté, mentionnera sa qualité de breveté ou so
brevet sans y ajouter ces mots, *sans garantie du Gouverne*
ment, sera puni d'une amende de 50 francs à 1,000 francs

En cas de récidive, l'amende pourra être portée a
double.

SECTION II.
DES ACTIONS EN NULLITÉ ET EN DÉCHÉANCE.

ART. 34.

L'action en nullité et l'action en déchéance pourror
être exercées par toute personne y ayant intérêt.

Ces actions, ainsi que toutes contestations relatives à propriété des brevets, seront portées devant les tribu-ux civils de première instance.

ART. 35.

Si la demande est dirigée en même temps contre le ulaire du brevet et contre un ou plusieurs cession-ires partiels, elle sera portée devant le tribunal du do-cile du titulaire du brevet.

ART. 36.

L'affaire sera instruite et jugée dans la forme prescrite ur les matières sommaires, par les articles 405 et sui-nts du Code de procédure civile. Elle sera communiquée procureur du roi.

ART. 37.

Dans toute instance tendant à faire prononcer la nullité la déchéance d'un brevet, le ministère public pourra rendre partie intervenante et prendre des réquisitions ur faire prononcer la nullité ou la déchéance absolue brevet.

Il pourra même se pourvoir directement par action incipale pour faire prononcer la nullité, dans les cas évus aux n°s 2, 4 et 5 de l'article 20.

ART. 38.

Dans les cas prévus par l'article 37, tous les ayants oit au brevet dont les titres auront été enregistrés au

ministère de l'agriculture et du commerce, conformément
à l'article 21, devront être mis en cause.

ART. 39.

Lorsque la nullité ou la déchéance absolue d'un brevet
aura été prononcée par jugement ou arrêt ayant acquis
force de chose jugée, il en sera donné avis au Ministre
de l'agriculture et du commerce, et la nullité ou la déchéance sera publiée dans la forme déterminée par l'article 24 pour la proclamation des brevets.

TITRE V.

DE LA CONTREFAÇON, DES POURSUITES ET DES PEINES.

ART. 40.

Toute atteinte portée aux droits du breveté, soit par la
fabrication de produits, soit par l'emploi des moyens faisant l'objet de son brevet, constitue le délit de contrefaçon.

Ce délit sera puni d'une amende de 100 à 2,000 francs.

ART. 41.

Ceux qui auront sciemment recélé, vendu ou exposé en
vente, ou introduit sur le territoire français, un ou plusieurs objets contrefaits, seront punis des mêmes peines
que les contrefacteurs.

ART. 42.

Les peines établies par la présente loi ne pourront être
cumulées.

La peine la plus forte sera seule prononcée pour tous
s faits antérieurs au premier acte de poursuite.

ART. 43.

Dans le cas de récidive, il sera prononcé, outre l'a-
ende portée aux articles 40 et 41, un emprisonnement
un mois à six mois.

Il y a récidive lorsqu'il a été rendu contre le prévenu,
ns les cinq années antérieures, une première condamna-
on pour un des délits prévus par la présente loi.

Un emprisonnement d'un mois à six mois pourra aussi
re prononcé, si le contrefacteur est un ouvrier ou un
nployé ayant travaillé dans les ateliers ou dans l'établis-
ment du breveté, ou si le contrefacteur, s'étant associé
ec un ouvrier ou un employé du breveté, a eu connais-
nce, par ce dernier, des procédés décrits au brevet.

Dans ce dernier cas, l'ouvrier ou employé pourra être
oursuivi comme complice.

ART. 44.

L'article 463 du Code pénal pourra être appliqué aux
élits prévus par les dispositions qui précèdent.

ART. 45.

L'action correctionnelle, pour l'application des peines
-dessus, ne pourra être exercée par le ministère public
ue sur la plainte de la partie lésée.

ART. 46.

Le tribunal correctionnel saisi d'une action pour délit

de contrefaçon, statuera sur les exceptions qui seraien
tirées par le prévenu, soit de la nullité ou de la déchéance
du brevet, soit des questions relatives à la propriété dudi
brevet.

ART. 47.

Les propriétaires de brevet pourront, en vertu d'une
ordonnance du président du tribunal de première instance, faire procéder par tous huissiers, à la désignation
et description détaillées, avec ou sans saisie, des objets
prétendus contrefaits.

L'ordonnance sera rendue sur simple requête, et sur la
représentation du brevet; elle contiendra, s'il y a lieu, la
nomination d'un expert pour aider l'huissier dans sa description.

Lorsqu'il y aura lieu à la saisie, ladite ordonnance
pourra imposer au requérant un cautionnement qu'il sera
tenu de consigner avant d'y faire procéder.

Le cautionnement sera toujours imposé à l'étranger
breveté qui requerra la saisie.

Il sera laissé copie au détenteur des objets décrits ou
saisis, tant de l'ordonnance que de l'acte constatant le
dépôt du cautionnement, le cas échéant; le tout, à peine
de nullité et de dommages-intérêts contre l'huissier.

ART. 48.

A défaut par le requérant de s'être pourvu, soit par
la voie civile, soit par la voie correctionnelle, dans le déla
de huitaine, outre un jour par 3 myriamètres de distance
entre le lieu où se trouvent les objets saisis ou décrits

et le domicile du contrefacteur, recéleur, introducteur
ou débitant, la saisie ou description sera nulle de plein
droit, sans préjudice des dommages-intérêts qui pourront
être réclamés, s'il y a lieu, dans la forme prescrite par
l'article 36.

ART. 49.

La confiscation des objets reconnus contrefaits et, le
cas échéant, celle des instruments ou ustensiles destinés
spécialement à leur fabrication, seront, même en cas d'ac-
quittement, prononcées contre le contrefacteur, le recéleur, l'introducteur ou le débitant.

Les objets confisqués seront remis au propriétaire du
brevet, sans préjudice de plus amples dommages-intérêts
et de l'affichage du jugement, s'il y a lieu.

TITRE VI.

DISPOSITIONS PARTICULIÈRES ET TRANSITOIRES.

ART. 50.

Des ordonnances royales, portant règlement d'administration publique, arrêteront les dispositions nécessaires
pour l'exécution de la présente loi, qui n'aura effet que
trois mois après sa promulgation.

ART. 51.

Des ordonnances rendues dans la même forme pourront régler l'application de la présente loi dans les colonies, avec les modifications qui seront jugées nécessaires.

ART. 52.

Seront abrogées, à compter du jour où la présente loi sera devenue exécutoire, les lois des 7 janvier et 25 mai 1791, celle du 20 septembre 1792, l'arrêté du 17 vendémaire an VII, l'arrêté du 5 vendémaire an IX, les décrets des 25 novembre 1806 et 25 janvier 1807, et toutes dispositions antérieures à la présente loi, relatives aux brevets d'invention, d'importation et de perfectionnement.

ART. 53.

Les brevets d'invention, d'importation et de perfectionnement actuellement en exercice, délivrés conformément aux lois antérieures à la présente, ou prorogés par ordonnance royale, conserveront leur effet pendant tout le temps qui aura été assigné à leur durée.

ART. 54.

Les procédures commencées avant la promulgation de la présente loi seront mises à fin conformément aux lois antérieures.

Toute action, soit en contrefaçon, soit en nullité ou déchéance de brevet, non encore intentée, sera suivie conformément aux dispositions de la présente loi, alors même qu'il s'agirait de brevets délivrés antérieurement.

La présente loi, discutée, délibérée et adoptée par la Chambre des Pairs et par celle des Députés, et sanctionnée par nous cejourd'hui, sera exécutée comme loi d'État.

DONNONS EN MANDEMENT à nos cours et tribunaux, pré-

fois, corps administratifs, et tous autres, que les présentes ils gardent et maintiennent, fassent garder, observer et maintenir, et, pour les rendre plus notoires à tous,
ils les fassent publier et enregistrer partout où besoin
sera; et, afin que ce soit chose ferme et stable à toujours,
nous y avons fait mettre notre sceau.

Fait au palais de Neuilly, le 5e jour du mois de juillet, l'an 1844.

Signé LOUIS-PHILIPPE.

Par le Roi :

Le Ministre Secrétaire d'État
de l'agriculture et du commerce ,
Signé L. CUNIN-GRIDAINE.

Vu et scellé du grand sceau :
Le Garde des sceaux de France, Mi-
nistre Secrétaire d'État au département
de la justice et des cultes,
Signé N. MARTIN (du Nord).

LOI

qui modifie l'article 32 de la Loi du 5 juillet 1844, sur les Brevets d'invention.

Du 31 mai 1856.

NAPOLÉON, par la grâce de Dieu et la volonté nationale, EMPEREUR DES FRANÇAIS, à tous présents et à venir SALUT.

AVONS SANCTIONNÉ et SANCTIONNONS, PROMULGUÉ et PROMULGUONS ce qui suit :

LOI.

Extrait du procès-verbal du Corps législatif.

LE CORPS LÉGISLATIF A ADOPTÉ LE PROJET DE LOI dont la teneur suit :

ARTICLE UNIQUE.

L'article 32 de la loi du 5 juillet 1844, sur les brevets d'invention, est modifié comme il suit :

Sera déchu de tous ses droits,

1° Le breveté qui n'aura pas acquitté son annuité avant le commencement de chacune des années de la durée de son brevet;

2° Le breveté qui n'aura pas mis en exploitation sa découverte ou invention en France dans le délai de deux ans, à dater du jour de la signature du brevet, ou qui aura cessé de l'exploiter pendant deux années consécutives, à moins que, dans l'un ou l'autre cas, il ne justifie des causes de son inaction ;

3° Le breveté qui aura introduit en France des objets fabriqués en pays étranger et semblables à ceux qui sont garantis par son brevet.

Néanmoins, le Ministre de l'agriculture, du commerce et des travaux publics pourra autoriser l'introduction,

1° Des modèles de machines ;

2° Des objets fabriqués à l'étranger, destinés à des expositions publiques ou à des essais faits avec l'assentiment du Gouvernement.

Délibéré en séance publique, à Paris, le 20 mai 1856.

Le Président,
Signé Comte DE MORNY.

Les Secrétaires,
Signé Comte JOACHIM MURAT, TESNIÈRE,
ED. DALLOZ.

POIDS ET MESURES.

LOI
relative aux poids et mesures.

LOUIS-PHILIPPE, Roi des Français, à tous présents et à venir, SALUT.

Nous avons proposé, les Chambres ont adopté, NOUS AVONS ORDONNÉ et ORDONNONS ce qui suit :

ARTICLE PREMIER.

Le décret du 12 février 1812, concernant les poids et mesures, est et demeure abrogé.

ART. 2.

Néanmoins, l'usage des instruments de pesage et de mesurage confectionnés en exécution des articles 2 et 3 du décret précité sera permis jusqu'au 1er janvier 1840.

ART. 3.

A partir du 1er janvier 1840, tous poids et mesures autres que les poids et mesures établis par les lois des

18 germinal an III et 19 frimaire an VIII, constitutives du système métrique décimal, seront interdits sous les peines portées par l'article 479 du Code pénal.

ART. 4.

Ceux qui auront des poids et mesures autres que les poids et mesures ci-dessus reconnus, dans leurs magasins, boutiques, ateliers ou maisons de commerce, ou dans les halles, foires ou marchés, seront punis, comme ceux qui les emploieront, conformément à l'article 479 du Code pénal.

ART. 5.

A compter de la même époque, toutes dénominations de poids et mesures autres que celles portées dans le tableau annexé à la présente loi, et établies par la loi du 18 germinal an III, sont interdites dans les actes publics ainsi que dans les affiches et les annonces.

Elles sont également interdites dans les actes sous seing privé, les registres de commerce et autres écritures privées produits en justice.

Les officiers publics contrevenants seront passibles d'une amende de vingt francs, qui sera recouvrée sur contrainte comme en matière d'enregistrement.

L'amende sera de dix francs pour les autres contrevenants; elle sera perçue pour chaque acte ou écriture sous signature privée; quant aux registres du commerce, ils ne donneront lieu qu'à une seule amende pour chaque contestation dans laquelle ils seront produits.

ART. 6.

Il est défendu aux juges et arbitres de rendre aucun jugement ou décision en faveur des particuliers sur des actes, registres ou écrits dans lesquels les dénominations interdites par l'article précédent auraient été insérées, avant que les amendes encourues aux termes dudit article aient été payées.

ART. 7.

Les vérificateurs des poids et mesures constateront les contraventions prévues par les lois et règlements concernant le système métrique des poids et mesures.

Ils pourront procéder à la saisie des instruments de pesage et de mesurage dont l'usage est interdit par lesdites lois et règlements.

Leurs procès-verbaux feront foi en justice jusqu'à preuve contraire.

Les vérificateurs prêteront serment devant le tribunal d'arrondissement.

ART. 8.

Une ordonnance royale réglera la manière dont s'effectuera la vérification des poids et mesures.

La présente loi, discutée, délibérée et adoptée par la Chambre des Pairs et par celle des Députés, et sanctionnée par nous cejourd'hui, sera exécutée comme loi de l'État.

DONNONS EN MANDEMENT à nos cours et tribunaux, préfets, corps administratifs, et tous autres, que les présentes

ils gardent et maintiennent, fassent garder, observer et
maintenir, et, pour les rendre plus notoires à tous, ils les
fassent publier et enregistrer partout où besoin sera; et
afin que ce soit chose ferme et stable à toujours, nous y
avons fait mettre notre sceau.

Fait au palais des Tuileries, le 4ᵉ jour du mois de
juillet, l'an 1837.

Signé LOUIS-PHILIPPE.

Par le Roi :

Le Ministre Secrétaire d'État au département
des travaux publics, de l'agriculture
et du commerce,

Signé N. MARTIN (du Nord).

TABLEAU DES MESURES LÉGALES. (Loi du 18 germinal an III).

NOMS SYSTÉMATIQUES.	VALEUR.	NOMS SYSTÉMATIQUES.	VALEUR.	NOMS SYSTÉMATIQUES.	VALEUR.
MESURES DE LONGUEUR.		**MESURES DE CAPACITÉ POUR LES LIQUIDES ET LES MATIÈRES SÈCHES.**		Kilogramme......	Mille grammes. Poids dans le vide d'un décimètre cube d'eau distillée à la température de quatre degrés centigrades.
Myriamètre......	Dix mille mètres.	Kilolitre......	Mille litres.	Hectogramme......	Cent grammes.
Kilomètre......	Mille mètres.	Hectolitre......	Cent litres.	Décagramme......	Dix grammes.
Hectomètre......	Cent mètres.	Décalitre......	Dix litres.	Gramme......	Poids d'un centimètre cube d'eau à quatre degrés centigrades.
Décamètre......	Dix mètres.	Litre......	Décimètre cube.		
Mètre......	Unité fondamentale des poids et mesures. (Dix millionième partie du quart du méridien terrestre.)	Décilitre......	Dixième du litre.		
Décimètre......	Dixième du mètre.	**MESURES DE SOLIDITÉ.**		Décigramme......	Dixième du gramme.
Centimètre......	Centième du mètre.	Décastère......	Dix stères.	Centigramme......	Centième du gramme.
Millimètre......	Millième du mètre.	Stère......	Mètre cube.	Milligramme......	Millième du gramme.
MESURES AGRAIRES.		Décistère......	Dixième du stère.	**MONNAIE.**	
Hectare......	Cent ares ou dix mille mètres carrés.	**POIDS.**		Franc......	Cinq grammes d'argent au titre de neuf dixièmes de fin.
Are......	Cent mètres carrés, carré de 10 mètres de côté.	......	Mille kilog., poids du mètre cube d'eau et du tonneau de mer.	Décime......	Dixième du franc.
Centiare......	Centième de l'are, ou mètre carré.	......	Cent kilog., quintal métrique.	Centime......	Centième du franc.

Conformément à la disposition de la loi du 18 germinal an III, concernant les poids et mesures de capacité, chacun des mesures décimales de ces deux genres a son double et sa moitié.

ORDONNANCE

du 17 avril 1839, sur la vérification des poids et mesures.

LOUIS-PHILIPPE, Roi des Français,

A tous présents et à venir, salut.

Sur le rapport de notre Ministre secrétaire d'État au département des travaux publics, de l'agriculture et du commerce ;

Vu, 1° l'article 3, n° 4, du titre XI de la loi du 16-24 août 1790; l'article 11 de la loi du 1er vendémiaire an IV; la loi du 28 pluviôse an VIII, et l'article 46 de la loi du 19-22 juillet 1791 ;

2° L'article 8 de la loi du 4 juillet 1837, portant : « Une ordonnance royale réglera la manière dont s'effec-« tuera la vérification des poids et mesures; »

Notre Conseil d'État entendu,

Nous avons ordonné et ordonnons ce qui suit :

TITRE PREMIER.

DES VÉRIFICATEURS.

ARTICLE PREMIER.

La vérification des poids et mesures destinés et servant au commerce est faite, sous la surveillance des préfets et sous-préfets, par des agents nommés et révocables

par notre Ministre secrétaire d'État des travaux publics,
de l'agriculture et du commerce.

ART. 2.

Un vérificateur est nommé par chaque arrondissement
communal; son bureau est établi, autant que possible,
au chef-lieu.

Néanmoins, si les besoins du service exigent qu'il y ait
plusieurs bureaux dans un arrondissement, le préfet peut
proposer cette disposition à notre Ministre secrétaire
d'État des travaux publics, de l'agriculture et du commerce, qui l'arrête définitivement, s'il le juge convenable.

Il peut, en outre, être nommé, par notre Ministre, des
vérificateurs adjoints, soumis aux mêmes conditions et
ayant les mêmes attributions que les vérificateurs.

ART. 3.

Nul ne peut exercer l'emploi de vérificateur s'il n'est
âgé de vingt-cinq ans accomplis, et s'il n'a subi des exa-
mens spéciaux d'après un programme arrêté par notre
Ministre des travaux publics, de l'agriculture et du commerce.

ART. 4.

L'emploi de vérificateur est incompatible avec toutes
autres fonctions publiques et toute profession assujettie à
la vérification.

ART. 5.

Les vérificateurs ne peuvent entrer en fonctions qu'a-

près avoir prêté, devant le tribunal de première instance
de l'arrondissement pour lequel ils sont commissionnés,
le serment prescrit par la loi du 31 août 1830.

Dans le cas d'un changement de résidence ou de mission temporaire, ils sont tenus seulement de faire viser
leur commission et leur acte de serment au greffe du tribunal dans le ressort duquel ils sont envoyés.

ART. 6.

Chaque bureau de vérification sera pourvu de l'assortiment nécessaire d'étalons vérifiés et poinçonnés au dépôt
des prototypes établi près du ministère des travaux publics, de l'agriculture et du commerce. Ces étalons devront être vérifiés de nouveau au même dépôt une fois en
dix ans.

Les poinçons nécessaires aux vérifications dans les départements seront fabriqués sous les ordres de notre Ministre des travaux publics, de l'agriculture et du commerce. Ils porteront des marques distinctes pour chaque
année d'exercice.

Les poinçons destinés à la vérification des poids et mesures nouvellement fabriqués ou rajustés seront différents
de ceux qui sont destinés à constater les vérifications pé-
riodiques successives.

ART. 7.

Les étalons et les poinçons des bureaux de vérification
sont conservés par les vérificateurs, sous leur responsabilité et sous la surveillance des préfets et sous-préfets.

ART. 8.

Le traitement des vérificateurs est réglé par notre Ministre des travaux publics, de l'agriculture et du commerce : il comprend par abonnement les frais de tournée ordinaire, ceux de bureau, ceux d'entretien et de transport des instruments de vérification, et les frais de confection de matrices des rôles.

Les étalons seront conservés et les opérations seront faites dans le local à ce destiné par l'administration.

Les étalons, les poinçons, les registres et l'ameublement des bureaux sont fournis aux vérificateurs par l'administration.

Les frais de tournées extraordinaires hors de leur arrondissement leur sont remboursés.

ART. 9.

Les vérificateurs peuvent être suspendus par les préfets. Il est immédiatement rendu compte de cette mesure à notre Ministre des travaux publics, de l'agriculture et du commerce.

TITRE II.

DE LA VÉRIFICATION.

ART. 10.

Les poids et mesures nouvellement fabriqués ou rajustés seront présentés au bureau du vérificateur, vérifiés et poinçonnés avant d'être livrés au commerce.

ART. 11.

Aucun poids ou aucune mesure ne peut être soumis à la vérification, mis en vente ou employé dans le commerce, s'il ne porte, d'une manière distincte et lisible, le nom qui lui est affecté par le système métrique.

Notre Ministre du commerce pourra excepter de l'exécution du présent article les poids ou mesures dont la dimension ne s'y prêterait pas.

ART. 12.

La forme des poids et mesures servant à peser ou mesurer les matières de commerce sera déterminée par des règlements d'administration publique, ainsi que les matières avec lesquelles ces poids et mesures seront fabriqués.

ART. 13.

Indépendamment de la vérification primitive dont il est question dans l'article 10, les poids et mesures dont les commerçants compris dans le tableau indiqué à l'article 15 font usage, ou qu'ils ont en leur possession, sont soumis à une vérification périodique, pour reconnaître si la conformité avec les étalons n'a pas été altérée.

Chacune de ces vérifications est constatée par l'apposition d'un poinçon nouveau.

ART. 14.

Les fabricants et marchands de poids et mesures ne sont assujettis à la vérification périodique que pour ceux dont ils font usage dans leur commerce.

Les poids, mesures et instruments de pesage et mesurage, neufs ou rajustés, qu'ils destinent à être vendus,
doivent seulement être marqués du poinçon de la vérifica-
ion primitive.

ART. 15.

Les préfets dressent, pour chaque département, le tableau des professions qui doivent être assujetties à la vérification.

Ce tableau indique l'assortiment des poids et mesures
dont chaque profession est tenue de se pourvoir.

ART. 16.

L'assujetti qui se livre à plusieurs genres de commerce
doit être pourvu de l'assortiment de poids et mesures fixé
pour chacun d'eux, à moins que l'assortiment exigé pour
l'une des branches de son commerce ne se trouve déjà
compris dans l'une des autres branches des industries
qu'il exerce.

ART. 17.

L'assujetti qui, dans une même ville, ouvre au public
plusieurs magasins, boutiques ou ateliers distincts et placés dans des maisons différentes et non contiguës, doit
pourvoir chacun de ses magasins, boutiques ou ateliers de
l'assortiment exigé pour la profession qu'il y exerce.

ART. 18.

La vérification périodique se fait tous les ans dans les
chefs-lieux d'arrondissement et dans les communes désignées par le préfet, et tous les deux ans dans les autres

11 .

lieux. Toutefois, en 1840, elle aura lieu dans toutes le communes indistinctement.

Le préfet règle l'ordre dans lequel les diverses com munes du département sont vérifiées.

ART. 19.

Le vérificateur est tenu d'accomplir la visite qui lui été assignée pour chaque année, et de se transporter av domicile de chacun des assujettis inscrits au rôle qui ser dressé conformément à l'article 50.

Il vérifie et poinçonne les poids, mesures et instru ments qui lui sont exhibés, tant ceux qui composent l'as sortiment obligatoire au minimum que ceux que le com merçant posséderait de surplus.

Il fait note de tout sur un registre portatif qu'il fai émarger par l'assujetti, et, si celui-ci ne sait ou ne veu signer, il le constate.

ART. 20.

La vérification périodique pourra être faite aux siége des mairies dans les localités où, conformément au usages du commerce, et sur la proposition des préfets notre Ministre des travaux publics, de l'agriculture et d commerce jugerait cette opération d'une plus facile exé cution, sans toutefois que cette mesure puisse être obli gatoire pour les assujettis, et sauf le droit d'exercice à d micile.

Les vérificateurs peuvent toujours faire, soit d'office soit sur la réquisition des maires et du procureur d roi, soit sur l'ordre du préfet et des sous-préfets, des vi sites extraordinaires et inopinées chez les assujettis.

ART. 21.

Les marchands ambulants qui font usage de poids et mesures sont tenus de les présenter, dans les trois premiers mois de chaque année, ou de l'exercice de leur profession, à l'un des bureaux de vérification dans le ressort desquels ils colportent leurs marchandises.

ART. 22.

Les balances, romaines ou autres instruments de pesage sont soumis à la vérification primitive et poinçonnés avant d'être exposés en vente ou livrés au public.

Ils sont, en outre, inspectés dans leur usage et soumis, sur place, à la vérification périodique.

ART. 23.

Les membrures du stère et double stère, destinées au commerce du bois de chauffage, sont, avant qu'il en soit fait usage, vérifiées et poinçonnées dans les chantiers où elles doivent être employées.

Elles y sont également soumises à la vérification périodique.

ART. 24.

Les poids et mesures des bureaux d'octroi, bureaux de poids public, ponts à bascule, hospices et hôpitaux, prisons et établissements de bienfaisance, et tous les autres établissements publics, sont soumis à la vérification périodique.

ART. 25.

Les poids et mesures employés dans les halles, foires

11.

et marchés, dans les étalages mobiles, par les marchands
forains et ambulants, sont soumis à l'exercice des vérificateurs.

ART. 26.

Les visites et exercices que les vérificateurs sont autorisés à faire chez les assujettis ne peuvent avoir lieu que
pendant le jour.

Néanmoins, ils peuvent avoir lieu chez les marchands
et débitants pendant tout le temps que les lieux de vente
sont ouverts au public.

ART. 27.

Les préfets fixent par des arrêtés, pour chaque commune, l'époque où la vérification de l'année commence et
celle où elle doit être terminée.

A l'expiration du dernier délai ci-dessus, et après que
la vérification aura eu lieu dans la commune, il est interdit aux commerçants, entrepreneurs et industriels d'employer et de garder en leur possession des poids, mesures
et instruments de pesage qui n'auraient pas été soumis à
la vérification périodique et au poinçon de l'année.

TITRE III.

DE L'INSPECTION SUR LE DÉBIT DES MARCHANDISES QUI SE VENDENT AU POIDS ET A LA MESURE.

ART. 28.

L'inspection du débit des marchandises qui se vendent

au poids ou à la mesure est confiée spécialement à la vi-
gilance et à l'autorité des préfets, sous-préfets, maires,
adjoints et commissaires de police.

ART. 29.

Les maires, adjoints, commissaires et inspecteurs de police feront, dans leurs arrondissements respectifs, et plusieurs fois dans l'année, des visites dans les boutiques et
magasins, dans les places publiques, foires et marchés, à
l'effet de s'assurer de l'exactitude et du fidèle usage des
poids et mesures.

Ils surveilleront les bureaux publics de pesage et de
mesurage dépendant de l'administration municipale.

Ils s'assureront que les poids et mesures portent les
marques et poinçons de vérification, et que, depuis la vérification constatée par ces marques, ces instruments n'ont
point souffert de variations, soit accidentelles, soit frau-
duleuses.

ART. 30.

Ils visiteront fréquemment les romaines, les balances
et tous les autres instruments de pesage. Ils s'assureront
de leur justesse et de la liberté de leurs mouvements, et
constateront les infractions.

ART. 31.

Les maires et officiers de police veilleront à la fidélité
dans le débit des marchandises qui, étant fabriquées au
moule ou à la forme, se vendent à la pièce ou au paquet,

comme correspondant à un poids déterminé ; néanmoins les formes ou moules propres aux fabrications de ce genre ne seront jamais réputés instruments de pesage, ni assujettis à la vérification.

ART. 32.

Les vases ou futailles servant de récipient aux boissons, liquides ou autres matières, ne seront pas réputés mesures de capacité ou de pesanteur.

Il sera pourvu à ce que, dans le débit en détail, les boissons et autres liquides ne soient pas vendus à raison d'une certaine mesure présumée, sans avoir été mesurés effectivement.

ART. 33.

Les arrêtés pris par les préfets en matière de poids et mesures, à l'exception de ceux qui seront pris en exécution de l'article 18, ne seront exécutoires qu'après l'approbation de notre Ministre du commerce.

TITRE IV.

DES INFRACTIONS ET DU MODE DE LES CONSTATER.

ART. 34.

Indépendamment du droit conféré aux officiers de police judiciaire par le Code d'instruction criminelle, les vérificateurs constatent les contraventions prévues par les lois et règlements concernant les poids et mesures, dans l'étendue de l'arrondissement pour lequel ils sont commissionnés et assermentés.

Ils sont tenus de justifier de leur commission aux assujettis qui le requièrent.

Leurs procès-verbaux font foi en justice jusqu'à preuve
contraire, conformément à l'article 7 de la loi du 4 juillet
1837.

ART. 35.

Les vérificateurs saisissent tous les poids et mesures
autres que ceux maintenus par la loi du 4 juillet 1837.

Ils saisissent également tous les poids, mesures, instruments de pesage et mesurage altérés ou défectueux, ou
qui ne seraient pas revêtus des marques légales de la vérification.

Ils déposent à la mairie les objets saisis, toutes les fois
que cela est possible.

ART. 36.

Ils doivent recueillir et relater les circonstances qui ont
accompagné soit la possession, soit l'usage des poids ou
des mesures dont l'emploi est interdit.

ART. 37.

S'ils trouvent des mesures qui, par leur état d'oxydation, puissent nuire à la santé des citoyens, ils en donnent
avis aux maires et aux commissaires de police.

ART. 38.

Les assujettis sont tenus d'ouvrir leurs magasins, boutiques et ateliers, et de ne pas quitter leur domicile après
que, par un ban publié dans la forme ordinaire, le maire

aura fait connaître, au moins deux jours à l'avance, le jour de la vérification.

Ils sont tenus de se prêter aux exercices toutes les fois qu'ont lieu les visites prévues par les articles 19 et 20.

ART. 39.

Dans le cas de refus d'exercice, et toutes les fois que les vérificateurs procèdent chez les débitants, avant le lever et après le coucher du soleil, aux visites autorisées par l'article 26, ils ne peuvent s'introduire dans les maisons, bâtiments ou magasins qu'en présence soit du juge de paix ou de son suppléant, soit du maire, de l'adjoint, ou du commissaire de police.

ART. 40.

Les fonctionnaires dénommés en l'article précédent ne peuvent se refuser à accompagner sur-le-champ les vérificateurs, lorsqu'ils en sont requis par eux, et les procès-verbaux qui sont dressés, s'il y a lieu, sont signés par l'officier en présence duquel ils ont été faits, sauf aux vérificateurs, en cas de refus, d'en faire mention auxdits procès-verbaux.

ART. 41.

Les vérificateurs dressent leurs procès-verbaux dans les vingt-quatre heures de la contravention par eux constatée. Ils les écrivent eux-mêmes ; ils les signent et affirment au plus tard le lendemain de la clôture desdits procès-verbaux, par-devant le maire ou l'adjoint, soit de la commune de leur résidence, soit de celle où l'infraction a été commise; l'affirmation est signée tant par les maires et adjoints que par les vérificateurs.

ART. 42.

Leurs procès-verbaux sont enregistrés dans les quinze jours qui suivent celui de l'affirmation, et, conformément à l'article 74 de la loi du 25 mars 1817, ils sont visés pour timbre et enregistrés en débet, sauf à suivre le recouvrement des droits contre les condamnés.

ART. 43.

Dans le même délai, ces procès-verbaux sont remis au juge de paix, qui se conforme aux règles établies par les articles 20, 21 et 139 du Code d'instruction criminelle.

ART. 44.

Les vérificateurs des poids et mesures sont sous la surveillance des procureurs du roi, sans préjudice de leur subordination à l'égard de leurs supérieurs dans l'administration.

ART. 45.

Si des affiches ou annonces contiennent des dénominations de poids et mesures autres que celles portées dans le tableau annexé à la loi du 4 juillet 1837, les maires, adjoints et commissaires de police sont tenus de constater cette contravention, et d'envoyer immédiatement leurs procès-verbaux au receveur de l'enregistrement.

Les vérificateurs et tous autres agents de l'autorité publique sont tenus également de signaler au même fonctionnaire toutes les contraventions de ce genre qu'ils pourront découvrir.

Les receveurs d'enregistrement, soit d'office, soit d'après ces dénonciations, soit sur la transmission qui leur est faite des procès-verbaux ou rapports, dirigent contre les contrevenants les poursuites prescrites par l'article 5 de la loi précitée.

TITRE V.
DES DROITS DE VÉRIFICATION.

ART. 46.

La vérification première des poids, mesures et instruments de pesage est faite gratuitement.

Il en est de même pour les poids, mesures et instruments de pesage rajustés qui sont soumis à une nouvelle vérification.

ART. 47.

Les droits de la vérification périodique seront provisoirement perçus conformément au tarif annexé à l'ordonnance du 18 décembre 1825, modifié par celles du 21 décembre 1832 et du 18 mai 1838.

ART. 48.

La vérification périodique des poids, mesures et instruments de pesage, appartenant aux établissements publics désignés par l'article 24, est faite gratuitement.

Il en est de même pour les poids, mesures et instruments de pesage présentés volontairement à la vérification
par des individus non assujettis.

ART. 49.

Les droits de la vérification périodique sont payés
pour les poids et mesures formant l'assortiment obligatoire de chaque assujetti et pour les instruments de pesage sujets à la vérification.

Les poids et mesures excédant l'assortiment obligatoire
sont vérifiés et poinçonnés gratuitement.

ART. 50.

Les états-matrices des rôles sont dressés par les vérificateurs des poids et mesures, d'après le résultat des
opérations qui doivent être consommées avant le 1ᵉʳ août.

Ces états sont remis aux directeurs des contributions
directes à mesure que les opérations sont terminées dans
les communes dépendant de la même perception, et, au
plus tard, le 1ᵉʳ août de chaque année.

ART. 51.

Les directeurs des contributions directes, après avoir
vérifié et arrêté les états-matrices mentionnés à l'article
précédent, procèdent à la confection des rôles, lesquels
sont rendus exécutoires par le préfet, pour être mis
immédiatement en recouvrement par les mêmes voies et
avec les mêmes termes de recours, en cas de réclamation,
que pour les contributions directes.

ART. 52.

Avant la fin de chaque année, il sera dressé et publié des rôles supplémentaires pour les opérations qui, à raison de circonstances particulières, n'auraient pu être faites que postérieurement au délai fixé par l'article 50.

ART. 53.

La perception des droits de vérification est faite par les agents du Trésor public.

Le montant intégral des rôles est exigible dans la quinzaine de leur publication.

L'article 3 de l'ordonnance du 21 décembre 1832 continuera à être exécuté.

ART. 54.

Les remises auxquelles ont droit les agents du Trésor pour le recouvrement des contributions, ainsi que les allocations revenant aux directeurs des contributions directes pour les frais de confection des rôles, sont réglées par notre Ministre secrétaire d'État des finances.

TITRE VI.

DISPOSITIONS GÉNÉRALES.

ART. 55.

Les contraventions aux arrêtés des préfets, à ceux des maires et à la présente ordonnance, sont poursuivies conformément aux lois.

ART. 56.

Sont abrogés les proclamations et arrêtés des 27 pluviôse an VI, 19 germinal, 28 messidor et 11 thermidor an VII; l'arrêté du 7 floréal an VIII; les arrêtés des 13 brumaire et 29 prairial an IX, et les ordonnances royales des 18 décembre 1825, 7 juin 1826, 21 décembre 1832 et 18 mai 1838, sauf les dispositions des ordonnances des 18 décembre 1825, 21 décembre 1832 et 18 mai 1838, rappelées aux articles 47 et 53 de la présente ordonnance.

Tous arrêtés ministériels pris en vertu du décret du 12 février 1812 cesseront de recevoir leur exécution au 1er janvier 1840.

ART. 57.

Nos Ministres secrétaires d'État aux départements des travaux publics, de l'agriculture et du commerce, et des finances, sont chargés de l'exécution de la présente ordonnance, qui sera publiée au *Bulletin des lois.*

Fait au palais des Tuileries, le 17 avril 1839.

Signé LOUIS-PHILIPPE.

Par le Roi :

Le Pair de France, Ministre Secrétaire d'État de l'intérieur, chargé par intérim du département des travaux publics, de l'agriculture et du commerce,

Signé GASPARIN.

ORDONNANCE

du 16 juin 1839, sur la forme des poids et mesures et sur les matières admises pour les fabriquer.

LOUIS-PHILIPPE, Roi des Français,

A tous présents et à venir, SALUT.

Sur le rapport de notre Ministre secrétaire d'État de l'agriculture et du commerce ;

Vu la loi du 4 juillet 1837 ;

Vu le tableau annexé à ladite loi ;

Vu l'article 12 de l'ordonnance royale du 17 avril 1839, portant que la forme des poids et mesures, servant à peser ou à mesurer les matières de commerce, sera déterminée par des règlements d'administration publique, ainsi que les matières avec lesquelles ces poids et mesures seront fabriqués ;

Notre Conseil d'État entendu,

NOUS AVONS ORDONNÉ ET ORDONNONS ce qui suit :

ARTICLE PREMIER.

A dater du 1er janvier 1840, les poids, mesures et instruments de pesage et de mesurage ne seront reçus à la vérification première qu'autant qu'ils réuniront les conditions d'admission indiquées dans les tableaux annexés à la présente ordonnance.

ART. 2.

Les poids, mesures et instruments de pesage portant la marque de vérification première, et qui réuniront d'ailleurs les conditions exigées jusqu'ici, seront admis à la vérification périodique.

SAVOIR :

Les mesures décimales de longueur, après qu'on aura fait disparaître les divisions et les noms relatifs aux anciennes dénominations;

Les mesures décimales pour les matières sèches, quelle que soit l'espèce de bois dont elles seront construites;

Les mesures décimales en étain, quel que soit leur poids;

Les poids décimaux en fer et en cuivre, quelle que soit leur forme, après qu'on aura fait disparaître l'indication relative aux anciennes dénominations, et pourvu qu'ils portent, sur la surface supérieure, les noms qui leur sont propres;

Les poids décimaux en fer et en cuivre, portant uniquement leurs noms exprimés en myriagrammes, kilogrammes, hectogrammes ou décagrammes;

Les poids décimaux à l'usage des balances-bascules, pourvu qu'ils ne portent pas d'autre indication que celle de leur valeur réelle;

Enfin les romaines, dont on aura fait disparaître les anciennes divisions et dénominations, pourvu qu'elles soient graduées en divisions décimales, et reconnues oscillantes.

Les poids et mesures décimaux placés dans une des catégories qui précèdent ne pourront être conservés par les
assujettis qu'autant qu'ils auront subi, avant l'époque de
la vérification périodique de l'année 1840, les modifications exigées; ces poids et mesures pourront être rajustés,
mais ils ne devront pas être remontés à neuf.

ART. 3.

Tous les poids et mesures autres que ceux qui sont provisoirement permis par l'article 2 de la présente ordonnance seront mis hors de service, à partir du 1er janvier
1840.

ART. 4.

Il sera déposé dans tous les bureaux de vérification des
modèles ou des dessins des poids et mesures légalement
autorisés, pour être communiqués à tous ceux qui vou-
dront en prendre connaissance.

ART. 5.

Notre ministre secrétaire d'état au département de l'a-
griculture et du commerce est chargé de l'exécution de la
présente ordonnance, qui sera publiée au *Bulletin des
lois.*

Fait au palais de Neuilly, le seize juin mil huit cent
trente-neuf.

Signé LOUIS-PHILIPPE.

Par le Roi :

*Le Ministre Secrétaire d'État au département
de l'agriculture et du commerce,*

Signé L. CUNIN-GRIDAINE.

N° 1.

MESURES DE LONGUEUR.

Double décamètre.
Décamètre.
Demi-décamètre.

Double mètre.
Mètre.
Demi-mètre.

Double décimètre.
Décimètre.

Ces mesures devront être construites en métal, en bois ou autre matière solide.

Elles pourront être établies dans la forme qui conviendra le mieux aux usages auxquels elles sont destinées.

Indépendamment des mesures d'une seule pièce, il est permis de faire des mesures brisées, pourvu que le nombre de leurs parties soit deux, cinq ou dix.

Les mesures devront être construites avec solidité.

Des garnitures en métal devront être adaptées aux extrémités des mesures en bois du mètre, de son double et de sa moitié.

Les divisions en centimètres ou millimètres devront être exactes, déliées et d'équerre avec la longueur de la mesure.

Le nom propre à chaque mesure sera gravé sur la face supérieure de la mesure, qui devra porter aussi le nom ou la marque du fabricant.

Le décamètre, son double et sa moitié, construits en forme de chaîne, devront avoir des chaînons d'une force suffisante et *de la longueur de 2 ou de 5 décimètres; les anneaux à chaque mètre seront exécutés avec un métal d'une couleur différente de celui employé pour les autres anneaux.*

N° 2.

MESURES DE CAPACITÉ POUR LES MATIÈRES SÈCHES.

Hectolitre.
Demi-hectolitre.

Double décalitre.
Décalitre.
Demi-décalitre.

Double litre.
Litre.
Demi-litre.

Double décilitre.
Décilitre.
Demi-décilitre.

Les mesures de capacité pour les matières sèches devront être construites dans la forme cylindrique, et auront intérieurement le diamètre égal à la hauteur.

Les mesures en bois ne pourront être faites qu'en bois de chêne; elles devront être établies avec solidité dans toutes leurs parties.

Pour les mesures qui seront garnies intérieurement de potences ou autres corps saillants, la hauteur sera augmentée proportionnellement au volume de ces objets.

Les mesures en bois devront être formées d'une éclisse ou feuille courbée sur elle-même, et fixée par des clous.

*Toutes les mesures en bois devront être garnies à la partie
périeure d'une bordure en tôle rabattue.*

*Les mesures, depuis et compris le double décalitre jusqu'à
hectolitre, devront en outre être ferrées : on pourra, suivant
usage auquel elles sont destinées, y adapter des pieds fixés
ec boulons et écrous.*

*Les mesures en bois de plus petite dimension pourront être
rnies de bandes latérales en tôle.*

*On pourra fabriquer des mesures pour les matières sèches,
 cuivre ou en tôle, pourvu qu'elles soient établies avec solidité
dans la forme ci-dessus prescrite.*

*Chaque mesure doit porter le nom qui lui est propre : le
m ou la marque du fabricant sera appliqué sur le fond de la
esure.*

Nº 3.

MESURES DE CAPACITÉ POUR LES LIQUIDES.

*Les noms et la forme affectés aux mesures de capacité pour
s matières sèches, dans le tableau nº 2, serviront de règle
ur la construction des mêmes mesures employées pour les li-
ides, depuis l'hectolitre jusqu'au demi-décalitre inclusivement.
lles pourront être établies en cuivre, tôle ou fonte, mais sous
réserve expresse de prévenir, par l'étamage ou autre procédé
alogue, toute altération ou oxydation de nature à présenter
 dangers dans l'usage de ces sortes de mesures.*

*Les mesures du double litre et au-dessous devront être cons-
uites en étain, et auront intérieurement la hauteur double du
amètre. Elles auront le poids déterminé ci-après, comme mi-
mum obligatoire pour chacune des espèces de mesures.*

12.

NOMS DES MESURES.	POIDS DES MESURES EN GRAMMES.		
	Sans anse ni couvercle.	Avec anse sans couvercle.	Avec anse et couvercle.
Double litre............	1,350	1,700	2,200
Litre........................ ,	900	1,100 .	1,350
Demi-litre...................	525	650	820
Double décilitre...............	280	335	480
Décilitre...................	145	180	240
Demi-décilitre............ ..	85	110	140
Double centilitre.............	45	60	85
Centilitre....................	25	35	50

Le litre de l'étain employé pour la fabrication des mesure
reste fixé à 83 centièmes 5 millièmes, avec une tolérance u
1 centième 5 millièmes; ainsi le métal dont les mesures seron
fabriquées ne doit pas contenir moins de 82 centièmes d'étai
pur, et plus de 18 centièmes d'alliage.

Ces mesures devront conserver intérieurement, et sur le bor
supérieur, la venue du moule; elles devront être sans soufflure
ni autres imperfections.

Le nom propre à chaque mesure devra être inscrit sur l
corps de la mesure. Le nom ou la marque du fabricant devr
être apposé sur le fond.

On pourra construire des mesures en fer-blanc, depuis l
double litre jusqu'au décilitre; mais ces sortes de mesures, ex
clusivement réservées pour le lait, devront être établies dan
la forme cylindrique, ayant le diamètre égal à la hauteu
conformément à ce qui est prescrit dans le tableau n° 2, pou
les mesures destinées aux matières sèches: elles seront garnie
d'une anse ou d'un crochet également en fer-blanc, et porte

ont le nom qui leur est propre sur le cercle supérieur rabattu
t servant de bordure. On aura soin de placer, pour recevoir
es marques de vérification, deux gouttes d'étain aplaties :
'une au bord supérieur, l'autre à la jonction du fond de chaque
nesure, qui devra porter aussi le nom ou la marque du fabri-
:ant.

N° 4.

POIDS EN FER.

Les poids devront être construits en fonte de fer : leurs noms
ont indiqués ci-après, ainsi que la dénomination abréviative
qui devra être inscrite sur chacun d'eux, en caractères li-
ibles.

NOMS DES POIDS.	ABRÉVIATIONS qui devront ÊTRE INDIQUÉES sur la surface supérieure.	NOMS DES POIDS.	ABRÉVIATIONS qui devront être indiquées sur la surface supérieure.
50 kilogrammes......	50 kilog.	Kilogramme.........	1 kilog.
20 kilogrammes......	20 kilog.	Demi-kilogramme....	1/2 kilog. 5 hectog.
10 kilogrammes......	10 kilog.	Double hectogramme..	2 hectog.
5 kilogrammes.......	5 kilog.	Hectogramme.......	1 hectog.
Double kilogramme...	2 kilog.	Demi-hectogramme...	1/2 hectog.

Les poids en fer de 50 et de 20 kilogrammes devront être
établis en forme de pyramide tronquée, arrondie sur les angles,
t ayant pour base un parallélogramme.

Les autres poids en fer, depuis celui de 10 kilogrammes jusqu'au demi-hectogramme inclusivement, devront être établis en forme de pyramide tronquée, ayant pour base un hexagone régulier.

Les anneaux dont les poids sont garnis devront être placés de manière à ne pas dépasser l'arête des poids.

Chaque anneau devra être en fer forgé rond et soudé à chaud.

Chaque anneau, attaché par un lacet, devra entrer sans difficulté dans la rainure pratiquée sur le poids pour le recevoir.

Chaque lacet devra être en fer forgé, et construit solidement, tant au sommet qui embrasse l'anneau qu'aux extrémités de ses branches, lesquelles doivent être rabattues et enroulées par dessous, pour retenir le plomb nécessaire à l'ajustage.

Les poids en fer ne doivent présenter à leur surface ni bavures ni soufflures, et la fonte ne doit être ni aigre ni cassante.

Chaque poids doit être garni, aux extrémités du lacet, d'une quantité suffisante de plomb coulé d'un seul jet, destinée à recevoir les empreintes des poinçons de vérification première et périodique, ainsi que la marque du fabricant qui doit y être apposée.

N° 5.

POIDS EN CUIVRE.

*Les poids en cuivre sont indiqués ci-après, ainsi que la dé-
nomination qui devra être inscrite sur chacun d'eux.*

NOMS DES POIDS.	DÉNOMINATIONS QUI DOIVENT ÊTRE APPLIQUÉES sur la surface supérieure.
20 kilogrammes............................	20 Kilogrammes.
10 kilogrammes............................	10 Kilogrammes.
5 kilogrammes.............................	5 Kilogrammes.
Double kilogramme........................	2 Kilogrammes.
Kilogramme................................	1 Kilogramme.
Demi-kilogramme..........................	500 Grammes.
Double hectogramme	200 Grammes.
Hectogramme	100 Grammes.
Demi-hectogramme	50 Grammes.
Double décagramme.......................	20 Gram.
Décagramme...............................	10 Gram.
Demi-décagramme.........................	5 Gram.
Double gramme............................	2 Gram.
Gramme	1 Gram.
Demi-gramme	5 Décig.
Double décigramme........................	2 Décig.
Décigramme	1 Décig.
Demi-décigramme..........................	5 Centig.
Double centigramme.......................	2 C. G.
Centigramme..............................	1 C. G.
Demi centigramme.........................	5 M. G.
Double milligramme.......................	2 M.
Milligramme...............................	1 M.

DÉCRET

concernant les mesures de capacité.

Au nom du Peuple français.

LOUIS-NAPOLÉON, Président de la République française,

Sur le rapport du Ministre de l'intérieur, de l'agriculture et du commerce;

Vu la loi du 4 juillet 1837;

Vu l'article 12 de l'ordonnance du 17 avril 1839;

Vu l'ordonnance du 16 juin 1839 et les tableaux n°ˢ 2 et 3 y annexés;

Vu l'avis du Comité consultatif des arts et manufactures;

Le Conseil d'État entendu,

DÉCRÈTE :

ARTICLE PREMIER.

A l'avenir, les bois de noyer ou de hêtre pourront être employés, ainsi que le bois de chêne, pour la fabrication en feuilles ou éclisses, des mesures de capacité destinées au mesurage des matières sèches.

ART. 2.

Les mesures de capacité pour les liquides, notamment pour les huiles et l'alcool, pourront être établies en ferblanc, mais exclusivement avec celui qui est connu dans

e commerce sous la dénomination de *cinq*, de *quatre* ou
o *trois croix*.

ART. 3.

Il n'est pas dérogé aux dispositions des tableaux et des
nstructions annexés à l'ordonnance du 16 juin 1839, en
e qui concerne soit les mesures pour le lait, soit la forme,
es dimensions et les autres garanties que doivent présen-
er les mesures de capacité mentionnées au présent décret.

ART. 4.

Le Ministre de l'intérieur, de l'agriculture et du commerce est chargé de l'exécution du présent décret, qui
era inséré au *Bulletin des lois*.

Fait au palais des Tuileries, le 5 novembre 1852.

Signé LOUIS-NAPOLÉON.

Par le Prince Président :

Le Ministre de l'intérieur, de l'agriculture et du commerce,

Signé F. DE PERSIGNY.

DÉCRET

concernant les mesures de capacité.

NAPOLÉON, par la grâce de Dieu et la volonté nationale, EMPEREUR DES FRANÇAIS;

A tous présents et à venir, SALUT.

Sur le rapport de notre Ministre secrétaire d'État au département de l'agriculture, du commerce et des travaux publics;

Vu la loi du 4 juillet 1837;

Vu l'article 12 de l'ordonnance du 17 avril 1839;

Vu l'article 1er de l'ordonnance du 16 juin 1839 et le tableau n° 2 y annexé;

Vu le décret du 5 novembre 1852;

Vu l'avis du Comité consultatif des arts et manufactures;

Notre Conseil d'État entendu,

AVONS DÉCRÉTÉ et DÉCRÉTONS ce qui suit :

ARTICLE PREMIER.

A partir de la promulgation du présent décret, le bois de châtaignier pourra être employé, concurremment avec les bois de chêne, de hêtre et de noyer, à la fabrication, en feuilles ou éclisses, des mesures de capacité pour les matières sèches.

ART. 2.

Notre Ministre secrétaire d'État au département de l'a-
-iculture, du commerce et des travaux publics est
-argé de l'exécution du présent décret, qui sera inséré
à *Bulletin des lois.*

Fait au palais de Saint-Cloud, le 3 octobre 1856.

Signé NAPOLÉON.

Par l'Empereur :

Le Ministre Secrétaire d'État au département de l'agriculture,
du commerce et des travaux publics,

Signé E. ROUHER.

DÉCRET

concernant les balances-bascules.

NAPOLÉON, par la grâce de Dieu et la volonté nationale, EMPEREUR DES FRANÇAIS,

A tous présents et à venir, SALUT.

Sur le rapport de notre Ministre secrétaire d'État au département de l'agriculture, du commerce et des travaux publics;

Vu l'article 8 de la loi du 4 juillet 1837, l'article 12 de l'ordonnance du 17 avril 1839, l'article 1er de l'ordonnance du 16 juin 1839, et le tableau n° 6 y annexé;

Vu le rapport de notre Ministre secrétaire d'État au département de l'agriculture, du commerce et des travaux publics;

Considérant que l'indication de la portée des balances-bascules sur une plaque mobile donne lieu à des abus;

Notre Conseil d'État entendu,

AVONS DÉCRÉTÉ et DÉCRÉTONS ce qui suit:

ARTICLE PREMIER.

A partir du 1er octobre 1857, l'indication de la portée des balances-bascules qui seront présentées à la vérification première sera ou gravée en creux, ou produite en relief dans l'opération de la fonte, sur le plat poli d'une des faces latérales du fléau extérieur.

ART. 2.

Notre Ministre secrétaire d'État au département de l'agriculture, du commerce et des travaux publics est chargé de l'exécution du présent décret, qui sera inséré au *Bulletin des lois.*

Fait à Plombières, le 14 juillet 1857.

Signé NAPOLÉON.

Par l'Empereur :

Le Ministre Secrétaire d'État au département de l'agriculture,
du commerce et des travaux publics,

Signé E. ROUHER.

DÉCRET

sur la vérification des poids et mesures.

LE PRÉSIDENT DE LA RÉPUBLIQUE FRANÇAISE,

Sur le rapport du Ministre de l'agriculture et du commerce;

Vu la loi du 4 juillet 1837, l'ordonnance royale du 17 avril 1839 et le décret du 25 mars 1852, sur la décentralisation administrative;

Le Conseil d'État entendu,

DÉCRÈTE :

ARTICLE PREMIER.

Les agents institués par l'ordonnance du 17 avril 183g pour procéder à la vérification des poids et mesures sont nommés par le Ministre de l'agriculture et du commerce.

ART. 2.

Le personnel du service de la vérification se compose de vérificateurs en chef, de vérificateurs et de vérificateurs adjoints.

ART. 3.

Les vérificateurs sont répartis en cinq classes.

ART. 4.

Nul ne peut être nommé vérificateur adjoint s'il n'a été
déclaré admissible, à la suite d'un examen public dont les
conditions et le programme seront ultérieurement arrêtés
par le Ministre de l'agriculture et du commerce, et s'il est
âgé de moins de vingt-cinq ans ou de plus de trente-six
ans.

ART. 5.

Les vérificateurs de cinquième classe sont pris exclusivement parmi les vérificateurs adjoints ayant au moins
deux ans de service.

ART. 6.

Sont assujettis à la vérification les commerces, industries et professions désignés au tableau A joint au présent décret.

Les commerces, industries et professions analogues à
ceux qui sont énumérés dans ce tableau et qui n'y ont pas
été compris, peuvent être soumis à la vérification par arrêtés spéciaux des préfets, sauf l'approbation du Ministre
de l'agriculture et du commerce.

Tous les trois ans, des tableaux additionnels contenant
les commerces, industries et professions assujettis en vertu
de ces arrêtés sont l'objet de décrets rendus dans la forme
des règlements d'administration publique.

ART. 7.

Les assujettis doivent être pourvus des séries complètes des poids et mesures dont ils font usage d'après la nature de leurs opérations, conformément aux désignations du tableau B annexé au présent décret.

Les poids et mesures isolés, autres que les poids et mesures hors séries, ne sont point tolérés.

ART. 8.

La vérification est faite chaque année dans toutes les communes.

Le préfet règle l'ordre dans lequel les diverses communes sont vérifiées.

ART. 9.

Les droits de vérification sont perçus conformément au tarif annexé au présent décret (tableau C).

ART. 10.

La vérification première des poids, mesures et instruments de pesage neufs ou rajustés est soumise aux mêmes droits que la vérification périodique.

ART. 11.

Les droits de la vérification périodique sont payés pour tous les poids, mesures et instruments de pesage désignés au tarif et que les assujettis ont en leur posesssion.

ART. 12.

Les articles 6 et suivants du présent décret ne seron

exécutoires qu'à partir de l'époque où la perception des nouvelles taxes aura été approuvée par la loi de finances.

ART. 13.

Sont abrogées : les dispositions de l'ordonnance royale du 17 avril 1839 contraires au présent décret, notamment les articles 15, 16, 17, 18, 46, 47 et 49, et le numéro 10 de l'article 5 du décret du 25 mars 1852.

ART. 14.

Le Ministre de l'agriculture et du commerce est chargé de l'exécution du présent décret, qui sera publié au *Journal officiel* et inséré au *Bulletin des lois*.

Fait à Versailles, le 26 février 1873.

A. THIERS.

Par le Président de la République :

Le Ministre de l'agriculture et du commerce,

E. TEISSERENC DE BORT.

TABLEAU B (1).

DÉSIGNATION ET COMPOSITION DES SÉRIES DE POIDS ET MESURES EN USAGE.

—

POIDS EN FER.

§ 1ᵉʳ. — *Poids hors série.*

1° Poids de 50 kilogrammes.
2° Poids de 20 kilogrammes.

Nota. Le poids de 50 kilogrammes est d'usage très-rare. Le poids de 20 kilogrammes, en se répétant plus ou moins de fois, compose le *gros* ou *principal* des fortes pesées dont les poids de séries viennent former l'appoint.

§ 2. — *Séries à composer, désigner et taxer comme suit :*

SÉRIE N° 1.

Fer. — 20 kilog., 10 kilog., 10 kilog., 5 kilog., 2 kilog., 1 kilog., 1 kilog., 5 hectog. ou demi-kilog., 2 hectog., 1 hectog., 1 hectog., demi-hectog.

Cuivre complémentaire. — 20 gr., 10 gr., 10 gr., 5 gr., 2 gr., 1 gr., 1 gr.

SÉRIE N° 2.

10 kilog., 5 kilog., 2 kilog., 1 kilog., 1 kilog., 5 hectog. ou demi-kilog., 2 hectog., 1 hectog., 1 hectog., demi-hectog.

Cuivre. — 20 gr., 10 gr., 10 gr., 5 gr. 2 gr., 1 gr., 1 gr.

SÉRIE N° 3.

5 kilog., 2 kilog., 1 kilog., 1 kilog., 5 hectog. ou demi-kilog., 2 hectog., 1 hectog., 1 hectog., demi-hectog.

Cuivre. — 20 gr., 10 gr., 10 gr., 5 gr., 2 gr., 1 gr., 1 gr.

(1) Le tableau A, qui contient une nomenclature des commerces, industries et professions assujettis à la vérification n'a pas été publié. Ce volumineux document si utile à l'agent vérificateur, n'a point paru offrir le même intérêt à MM. les membres du Comité.

SÉRIE N° 4.

2 kilog., 1 kilog., 1 kilog., 5 hectog. ou demi-kilog., 2 hectog., 1 hectog., 1 hectog., demi-hectog.
Cuivre. — 20 gr., 10 gr., 10 gr., 5 gr., 2 gr., 1 gr., 1 gr.

SÉRIE N° 5.

1 kilog., 5 hectog. ou demi-kilog., 2 hectog., 1 hectog., 1 hectog., demi-hectog.
Cuivre. — 20 gr., 10 gr., 10 gr., 5 gr., 2 gr., 1 gr., 1 gr.

SÉRIE N° 6.

5 hectog. ou demi-kilog., 2 hectog., 1 hectog., 1 hectog., demi-hectog.
Cuivre. — 20 gr., 10 gr., 10 gr., 5 gr.
NOTA. La série n° 6 manque des poids de 2 et 1 gramme. Elle est destinée aux petits marchands ambulants.

POIDS EN CUIVRE.

SÉRIE N° 7.

20 kilog., 10 kilog., 10 kilog., 5 kilog., 2 kilog., 1 kilog., 1 kilog., 500 gr., 200 gr., 100 gr., 100 gr., 50 gr., 20 gr., 10 gr., 10 gr., 5 gr., 2 gr., 1 gr., 1 gr.

SÉRIE N° 8.

10 kilog., 5 kilog., 2 kilog., 1 kilog., 1 kilog., 500 grammes, 200 gr., 100 gr., 100 gr., 50 gr., 20 gr., 10 gr., 10 gr., 5 gr., 2 gr., 1 gr., 1 gr.

SÉRIE N° 9.

5 kilog., 2 kilog., 1 kilog., 1 kilog., 500 gr., 200 gr., 100 gr., 100 gr., 50 gr., 20 gr., 10 gr., 10 gr., 5 gr., 2 gr., 1 gr., 1 gr.

SÉRIE N° 10.

2 kilog., 1 kilog., 1 kilog., 500 gr., 200 gr., 100 gr., 100 gr., 50 gr., 20 gr., 10 gr., 10 gr., 5 gr., 2 gr., 1 gr., 1 gr.

13.

SÉRIE N° 11.

1 kilog., 500 gr., 200 gr., 100 gr., 100 gr., 50 gr., 20 gr., 10 gr.
10 gr., 5 gr., 2 gr., 1 gr., 1 gr.

SÉRIE N° 12.

500 gr., 200 gr., 100 gr., 100 gr., 50 gr., 20 gr., 10 gr., 10 gr., 5 gr.
2 gr., 1 gr., 1 gr.

SÉRIE N° 13.

200 gr., 100 gr., 100 gr., 50 gr., 20 gr., 10 gr., 10 gr., 5 gr., 2 gr.,
1 gr., 1 gr.

SÉRIE N° 14.

100 gr., 50 gr., 20 gr., 10 gr., 10 gr., 5 gr., 2 gr., 1 gr., 1 gr.

SÉRIE N° 15.

50 gr., 20 gr., 10 gr., 10 gr., 5 gr., 2 gr., 1 gr., 1 gr.

SÉRIE N° 16.

20 gr., 10 gr., 10 gr., 5 gr., 2 gr., 1 gr., 1 gr.

INSTRUMENTS DE PESAGE.

SÉRIE N° 17 [1].

1 balance de magasin.

SÉRIE N° 18.

1 balance de comptoir.

SÉRIE N° 19.

1 pont-bascule de 5,000 kilogrammes.

SÉRIE N° 20.

1 balance-bascule (portée au-dessus de 200 kilogrammes).

SÉRIE N° 21.

1 balance-bascule (portée au-dessus de 100 kilogrammes).

---

[1] Conformément à un usage établi, chacun des instruments de pesage prend
un numéro de série pour désignation abréviative.

SÉRIE N° 22.

1 romaine de toute portée, jusqu'à 40 kilogrammes.

SÉRIE N° 23.

1 romaine de 200 kilogrammes et au-dessus.

MESURES DE CAPACITÉ

POUR LES MATIÈRES SÈCHES.

Mesures hors série.

Double hectolitre; hectolitre; demi-hectolitre.

SÉRIE N° 24.

Hectolitre; demi-hectolitre; double décalitre; décalitre; demi-décalitre.

SÉRIE N° 25.

Demi-hectolitre; double décalitre; décalitre; demi-décalitre.

SÉRIE N° 26.

Décalitre; demi-décalitre; double litre; litre; demi-litre.

SÉRIE N° 27.

Double litre; litre; demi-litre; double décilitre; décilitre; demi-décilitre.

POUR LES LIQUIDES.

Mesures hors série.

Double décalitre; décalitre; demi-décalitre; double litre.

SÉRIE N° 28.

Litre; demi-litre; double décilitre; décilitre; demi-décilitre; double centilitre; centilitre.

SÉRIE N° 29.

Double décilitre; décilitre; demi-décilitre; double centilitre; centilitre

MESURES DE CAPACITÉ

EN FER-BLANC.

Mesures hors série.

Double litre.

SÉRIE N° 30.

Litre; demi-litre; double décilitre; décilitre; demi-décilitre.

SÉRIE N° 31.

Double centilitre; centilitre.

MESURES DE SOLIDITÉ

MEMBRURES POUR LE BOIS DE CHAUFFAGE.

Mesures hors série.

Décastère; demi-décastère; double stère.

SÉRIE N° 32.

Double stère; stère; demi-stère.

SÉRIE N° 33.

Stère; demi-stère.

MESURES AGRAIRES

ET DE LONGUEUR.

Mesures hors série.

Double décamètre; décamètre; demi-décamètre; double mètre.

SÉRIE N° 34.

Double mètre; mètre; demi-mètre.

SÉRIE N° 35.

Mètre; demi-mètre.

SÉRIE N° 36.

Double décimètre.

Vu pour être annexé au décret de ce jour.

Versailles, le 26 février 1873.

Le Ministre de l'agriculture et du commerce,

E. TEISSERENC DE BORT.

TABLEAU C. — TARIFS.

DÉSIGNATION

DES POIDS, MESURES ET INSTRUMENTS DE PESAGE USITÉS.

	Tarif nouveau pour chaque unité.
MESURES DE PESANTEUR.	
(*Poids en fer*).	
50 kilogrammes, chacun.........................	0ᶠ 60ᶜ
20 kilog., 10 kilog. et 5 kilog., chacun...................	0 30
2 kilog., 1 kilog. et 1/2 kilog., chacun..................	0 12
2 hectog., 1 hectog. et 1/2 hectog., chacun...............	0 06
(*Poids en cuivre*).	
20 kilog., 10 kilog. et 5 kilog., chacun...................	0 45
2 kilog., 1 kilog. et 1/2 kilog, chacun..................	0 18
2 hectog., 1 hectog. et 1/2 hectog., chacun...............	0 09
20 grammes, 10 grammes et 5 grammes, chacun.........	0 09
2 grammes et 1 gramme, chacun.....................	0 09
INSTRUMENTS DE PESAGE.	
1 balance de magasin.............................	0 50
1 balance de comptoir............................	0 25
1 pont-bascule de 5,000 kilog., avec 1 franc d'augmentation pour chaque 1,000 kilog. en sus.................	5 00
1 balance-bascule (portée au-dessus de 200 kilog.).........	2 40
1 balance-bascule (portée au-dessus de 100 kilog.).........	1 20
1 romaine de toute portée, jusqu'à 40 kilog.............. (0 f. 22,50 en outre pour chaque portée de 20 kilog. en sus).	0 60
1 romaine de 200 kilog. et jusquà 1,000 kilog........... (Au-dessus de 1,000 kilog., la surtaxe de 1 franc pour chaque augmentation de 1,000 kilog.).	3 00

MESURES DE CAPACITÉ.

(Pour les grains et autres matières sèches.)

1 double hectolitre.	1ᶠ	00ᶜ
1 hectolitre, chacun.	0	90
1/2 hectolitre, chacun.	0	60
Double décalitre.	0	18
1 décalitre, chacun	0	12
1/2 décalitre, chacun.	0	09
Double litre, 1 litre et 1/2 litre, chacun.	0	06
Double décilitre, 1 décilitre et 1/2 décilitre, chacun	0	06

(Pour les liquides).

Double décalitre, 1 décalitre et 1/2 décalitre, chacun.	0	60
Double litre, chacun.	0	24
1 litre, chacun.	0	18
1/2 litre, double décilitre, décilitre jusqu'au centilitre, chacun	0	12

(Mesures de capacité en fer-blanc).

Double litre et litre, chacun.	0	12
1/2 litre, double décilitre, décilitre, etc., jusqu'au centilitre, chacun	0	06

MESURES DE SOLIDITÉ.

(Membrures pour les bois de chauffage).

Décastère et 1/2 décastère.	1	00
Double stère, 1 stère et 1/2 stère, chacun.	0	90

(Mesures agraires et de longueur).

Double décamètre, 1 décamètre et 1/2 décamètre, chacun.	0	30
Double mètre (ordinaire ou brisé)	0	18
1 mètre simple (ployant ou à charnières) et 1/2 mètre, chacun	0	12
Double décimètre et décimètre, chacun	0	06

Vu pour être annexé au décret de ce jour.

Versailles, le 26 février 1873.

Le Ministre de l'agriculture et du commerce,

E. TEISSERENC DE BORT.

CONSTITUTION DU COMITÉ CONSULTATIF

DES ARTS ET MANUFACTURES.

DÉCRET

constitutif du Comité consultatif des arts et manufactures.

NAPOLÉON, par la grâce de Dieu et la volonté nationale, Empereur des Français,

A tous présents et à venir, salut.

Vu notre décret en date du 20 mai 1857, relatif au Comité consultatif des arts et manufactures ;

Sur le rapport de notre Ministre secrétaire d'État au département de l'agriculture, du commerce et des travaux publics,

Avons décrété et décrétons ce qui suit :

ARTICLE PREMIER.

Le Comité consultatif des arts et manufactures, institué près le ministère de l'agriculture, du commerce et des travaux publics, est chargé de l'étude et de l'examen de toutes les questions intéressant le commerce et l'industrie qui lui sont renvoyées par le Ministre en vertu des lois et règlements, ou sur lesquelles le Ministre juge utile de le consulter, notamment en ce qui concerne :

Les établissements insalubres ou incommodes;

Les poids et mesures ;

Les brevets d'invention ;

L'application ou la modification au point de vue technique des tarifs et des lois de douanes.

Il peut être chargé de procéder aux enquêtes ou informations qui sont jugées nécessaires par le Ministre pour l'étude des questions ci-dessus énoncées.

ART. 2.

Le Comité consultatif des arts et manufactures est composé de douze membres au moins et de quinze au plus, dont deux au moins sont pris dans notre Conseil d'État et les autres notamment dans l'Académie des sciences, dans les corps impériaux des ponts et chaussées et des mines, et dans le commerce ou l'industrie.

Un secrétaire ayant voix délibérative est attaché au Comité.

Un ou deux auditeurs au Conseil d'État peuvent être attachés au secrétariat du Comité.

ART. 3.

Les membres du Comité sont nommés par nous, sur la proposition de notre Ministre de l'agriculture, du commerce et des travaux publics.

ART. 4.

Le Ministre désigne chaque année celui des membres
1 Comité qui sera chargé de le présider.

Il nomme le secrétaire du Comité et règle son traite-
ent.

ART. 5.

Le Comité se réunit au moins une fois par semaine.

L'ordre et le mode de ses délibérations sont réglés par
es arrêtés du Ministre.

Les membres présents ont droit pour chaque séance à
es jetons dont la valeur est fixée par des arrêtés du Mi-
stre.

ART. 6.

Les membres titulaires, après dix années d'exercice,
euvent être nommés membres honoraires.

Les membres honoraires assistent aux délibérations du
omité, lorsqu'ils y sont appelés par des décisions spéciales
1 Ministre.

ART. 7.

Le directeur général de l'Administration des douanes et
es contributions indirectes, ou, à son défaut, un des
embres du conseil de cette administration, désigné par
otre Ministre des finances, est autorisé à assister avec
oix délibérative aux séances du Comité.

Assistent également avec voix délibérative aux séances
u Comité le secrétaire général du ministère de l'agricul-
re, du commerce et des travaux publics et les directeurs
1 commerce intérieur et du commerce extérieur.

ART. 8.

Notre décret en date du 20 mai 1857 est rapporté.

ART 9.

Notre Ministre secrétaire d'État au département de l'agriculture, du commerce et des travaux publics est chargé de l'exécution du présent décret.

Fait au palais des Tuileries, le 5 janvier 1861.

Signé NAPOLÉON.

Par l'Empereur :

Le Ministre de l'agriculture,
du commerce et des travaux publics,

Signé E. ROUHER.

DÉCRET

NAPOLÉON, par la grâce de Dieu et la volonté nationale, EMPEREUR DES FRANÇAIS,

A tous présents et à venir, SALUT.

Sur le rapport de notre Ministre secrétaire d'État au département de l'agriculture et du commerce ;

Vu l'article 7 de notre décret du 5 janvier 1861, relatif
au Comité consultatif des arts et manufactures,

AVONS DÉCRÉTÉ et DÉCRÉTONS ce qui suit :

ARTICLE PREMIER.

Le secrétaire général du ministère de l'agriculture et
du commerce et les directeurs du commerce intérieur et
du commerce extérieur sont membres de droit du Comité
consultatif des arts et manufactures.

Le paragraphe 2 de l'article 7 du décret susvisé du
5 janvier 1861 est supprimé.

ART. 2.

Notre Ministre secrétaire d'État au département de
l'agriculture et du commerce est chargé de l'exécution du
présent décret.

Fait au palais de Saint-Cloud le 29 septembre 1869.

Signé NAPOLÉON.

Par l'Empereur :

Le Ministre Secrétaire d'État
au département de l'agriculture et du commerce,

Signé ALFRED LEROUX.

www.ingramcontent.com/pod-product-compliance
Lightning Source LLC
Chambersburg PA
CBHW070539200326
41519CB00013B/3077